Recetas sin gluten

BLANCA HERP

Redbook

© 2018, Redbook Ediciones, s. l., Barcelona

Diseño de cubierta: Regina Richling

Diseño de interior: Primo tempo

ISBN: 978-84-9917-549-2

Depósito legal: B-22.630-2018

Impreso por Sagrafic, Pasaje Carsi 6, 08025 Barcelona

Impreso en España - *Printed in Spain*

ÍNDICE

Índice

Introducción

Perder peso y comer saludablemente… ¿sin trigo?

Vamos a tratar de comprender cómo actúa un cereal con gluten como el trigo según las últimas investigaciones. El cardiólogo norteamericano Dr.William Davis afirma que, si eliminamos el trigo de nuestra dieta —a menudo considerado como un cereal saludable—, podemos perder peso y prevenir una amplia gama de problemas de salud.

Basándose en décadas de estudios clínicos con extraordinarios resultados, este médico observó que centenares de pacientes a los que había recetado regímenes sin trigo mejoraban notablemente su salud. Se puso a escribir un libro para explicar los efectos dañinos de este ingrediente tan común en nuestra dieta y, a medida que avanzaba, cada hallazgo le sorprendía más y le mostraba la importancia de seguir con aquella tarea. Hoy disponemos de una nueva perspectiva sobre el trigo que comemos en la actualidad. Según sus trabajos, una dieta sin trigo se relaciona con beneficios físicos importantes:

- Pérdida de peso significativa en los primeros meses.
- Alivio y mejora de la diabetes tipo 2.
- Mejora de los problemas intestinales, como la colitis ulcerosa y la celiaquía.
- Mejoría notable del nivel de colesterol LDL.
- Mayor densidad ósea y mejora de la osteoporosis.
- Mejoría en enfermedades de la piel, como la psoriasis, úlceras bucales o pérdida de cabello.
- Reducción de la inflamación y el dolor causados por la artritis reumatoide.

El problema en la dieta actual en los países desarrollados no son (solo) la grasa y el azúcar, o la desaparición del estilo de vida rural. El problema es el trigo… o lo que nos quieren hacer creer que se llama «trigo» y los peculiares efectos descubiertos que ejerce sobre el organismo humano.

El trigo hasta que los ingenieros genéticos le pusieron las manos encima

El trigo se adapta de manera excepcional a muy diferentes condiciones ambientales. El primer trigo conocido (einkom) tiene el código genético más simple, con solo 14 cromosomas. Pero las plantas como el trigo tienen *poliploidia*, la cualidad de conservar la suma de los genes de sus antepasados. Así que el einkorn y su sucesor evolutivo, el trigo emmer (*Tricicum turgidum*, éste ya con 28 cromosomas), fueron populares durante varios miles de años, a pesar de su producción relativamente pobre y de las características de horneado menos deseables que las del trigo moderno.

Luego el trigo emmer se unió de manera natural a otra hierba, el *Thticum tauschii*, produciendo el *Triticum aestivum*, de 42 cromosomas, genéticamente más cercano a lo que en la actualidad llamamos trigo. Es el más complejo y el más «maleable» genéticamente, lo cual vendría de perlas a los investigadores genetistas de hoy en día, unos milenios después. Con las hibridaciones modernas diseñadas por los seres humanos, las especies de *Triticum* de hoy están a muchos genes de distancia del trigo einkom original que crecía de manera natural.

El trigo modificado

Gran parte del actual suministro mundial de pan de trigo modificado de forma intencionada procede de cepas desarrolladas en el Centro Internacional de Mejoramiento de Maíz y Trigo (CIMMYT), situado al este de la ciudad de México, con un programa de investigación sobre agricultura en 1943 a través de la colaboración de la Fundación Rockefeller y el Gobierno mexicano. Pronto se convirtió en un esfuerzo internacional enorme para incrementar las cosechas de maíz, soja y trigo, con la admirable meta de reducir el hambre en el mundo.

Hacia 1980, se habían logrado miles de nuevas cepas de trigo. Las más productivas han sido adoptadas desde entonces a escala mundial.

Una de las dificultades prácticas con las que se encontró el CIMMYT para incrementar la producción es que, cuando se aplican grandes cantidades de fertilizantes ricos en nitrógeno en los cultivos de trigo, la espiga con la semilla, que está en la parte superior de la planta, crece mucho. Sin embargo, la espiga, como está en la parte superior y la semilla es muy pesada, hace que el tallo se doble (lo que los científicos agrícolas denominan «alojamiento»). El alojamiento mata la planta y hace que cosechar sea problemático. Pero el genetista Norman Borlaug tuvo el mérito de desarrollar el trigo enano de rendimiento excepcional, que es más bajo y más robusto, lo que implica una temporada de crecimiento más corta con menos fertilizante para que crezca el tallo, que de otro modo era inútil.

Su trigo enano «de alto rendimiento» ayudó a resolver el hambre en el mundo, por ejemplo, haciendo que la cosecha de trigo en China fuera ocho veces mayor de 1961 a 1999.

Hoy en día, el trigo enano prácticamente ha reemplazado a la mayoría de las demás cepas de trigo en gran parte del mundo gracias al extraordinario rendimiento de sus cosechas. Sin embargo... no se llevó a cabo ninguna prueba de seguridad en animales ni en seres humanos con las nuevas cepas genéticas que se habían creado.

Una mala reproducción

Simplemente se asumió que, dado que la hibridación y el cultivo producían plantas que en esencia seguían siendo «trigo», las nuevas cepas serían toleradas sin problemas por los consumidores. De hecho, los científicos agrícolas se burlaron de la idea de que la hibridación tiene el potencial de generar híbridos que no sean saludables para los seres humanos.

Después de todo, las técnicas de hibridación han sido usadas, si bien de manera más rudimentaria, en cosechas, en animales e incluso en seres humanos desde hace siglos. Si juntas dos variedades de tomates, sigues obteniendo tomates, ¿verdad? ¿Cuál es el problema?

A juzgar por los descubrimientos de las investigaciones de los genetistas agrícolas, dichas suposiciones pueden ser infundadas o estar del todo equivocadas.

Los análisis realizados en proteínas expresadas por un híbrido de trigo en comparación con las dos cepas de sus padres han demostrado que, aunque aproximadamente el 95 por 100 de las proteínas expresadas en la descendencia son las mismas, el otro 5 por 100 es específico y no se encuentra en ninguno de los dos padres.

Hibridación y gluten

En particular, las proteínas del gluten del trigo sufren un cambio estructural considerable con la hibridación. En un experimento de hibridación, 14 nuevas proteínas de gluten fueron identificadas en la descendencia y no estaban presentes en la planta de trigo de los padres. Además, comparadas con las cepas de siglos de antigüedad del trigo, las cepas modernas de *Triticum aestivum* expresan una cantidad más alta de genes de proteínas de gluten asociados con la enfermedad celiaca.

Si multiplicamos esas alteraciones por los cientos de miles de hibridaciones a las que el trigo ha sido sometido, tendremos el potencial de cambios drásticos en rasgos determinados genéticamente como la estructura del gluten.

En el futuro, la ciencia de la modificación genética tiene el potencial de cambiar el trigo aún más. Los científicos ya no necesitan manipular cepas, cruzar los dedos y esperar a que se realice el intercambio de la mezcla adecuada de cromosomas. Ahora se pueden insertar o extraer a voluntad genes individuales y preparar las cepas para tener resistencia a enfermedades y a pesticidas, tolerancia al frío o a la sequía y otras muchas características determinadas genéticamente.

Y desde luego, es posible diseñar genéticamente nuevas cepas para que sean compatibles con fertilizantes o pesticidas específicos.

Glifosfatos

Desde el punto de vista económico es un proceso satisfactorio para los grandes productores de la industria agropecuaria y para los productores de semillas y químicos agrícolas, como Cargill, Monsanto y ADM, dado que las cepas específicas de semillas pueden protegerse con patentes y, por tanto, traer consigo mejores ventas de los tratamientos químicos compatibles.

La modificación genética se construye en base a la premisa de que un solo gen puede ser insertado en el lugar adecuado sin alterar la expresión genética de otras características.

Aunque el concepto parece lógico, no siempre funciona de una manera tan limpia.

Vale la pena recordar que, en la primera década de modificación genética, no se requería ninguna prueba de seguridad en animales ni en humanos para las plantas modificadas genéticamente.

Sin embargo, y a pesar de todas las pruebas actuales, los críticos de la modificación genética han citado estudios que identifican problemas potenciales con cosechas genéticamente modificadas. Experimentos con animales alimentados con granos de soja tolerante al glifosato*, muestran alteraciones en el tejido del hígado, el páncreas, el intestino y los testículos si se comparan con animales alimentados con granos de soja convencionales. Se cree que la diferencia se debe a un reacomodo inesperado del ADN cerca del sitio de inserción de los genes, lo cual genera una alteración de las proteínas de los alimentos que tiene potenciales efectos tóxicos. No cabe duda de que los reacomodos genéticos inesperados que podrían generar algunas propiedades deseables, como una mayor resistencia a la sequía o una masa con

mejores propiedades, pueden verse acompañados por cambios en las proteínas que no son evidentes para los ojos, la nariz o la lengua. Sin embargo, pocos estudios se han concentrado en estos efectos secundarios.

Las alteraciones del trigo que potencialmente podrían resultar en efectos indeseables en los seres humanos no se deben a la inserción o supresión de genes, sino a los experimentos de hibridación que preceden a la modificación genética. Como resultado, en los últimos 50 años miles de nuevas cepas han entrado en el mercado comercial de los alimentos humanos sin que se haya hecho un solo intento de llevar a cabo pruebas de seguridad.

Se trata de un desarrollo con implicaciones enormes para la salud de los seres humanos: el trigo moderno, a pesar de las alteraciones genéticas para modificar cientos de sus características determinadas genéticamente, se abrió paso en el mercado alimentario a escala mundial sin que se haya formulado ninguna pregunta respecto a su pertinencia para el consumo.

En estos momentos todavía hay quien se sorprende del alarmante aumento de celiaquía y enfermedades alérgicas.

---

* Se trata de semillas conocidas como *Roundup Ready*; esas semillas son modificadas genéticamente para permitir que el agricultor las rocíe sin supervisión con el herbicida Roundup sin dañar la cosecha. La multinacional Monsanto está detrás de todo ello: vende las semillas… y el herbicida. Las autoridades han comenzado a tomar medidas ante este abuso.

Cómo saber si eres una persona celíaca (o no)

La intolerancia al gluten es un trastorno intestinal que se da cuando el cuerpo no puede tolerar el gluten, una proteína que se encuentra en el trigo, el centeno, la cebada y la avena (existe controversia con respecto al papel de la avena y actualmente es objeto de investigación).

Intolerancia al gluten

La enfermedad celíaca es una intolerancia permanente al gluten del trigo, cebada, avena, centeno y todos sus derivados, incluidos sus almidones. La ingesta de algunos de estos productos puede derivar en una reacción inflamatoria que puede alterar la mucosa del intestino delgado. Esta alteración puede llegar a un punto en el que las vellosidades intestinales pueden ir desapareciendo cosa que, en muchas ocasiones, dificulta la absorción de macro y micronutrientes de los alimentos y puede acabar provocando lesiones inflamatorias e incluso anemia.

Se puede diagnosticar a cualquier edad. Se da entre 1 de cada 350 personas y una de cada 1000 en la población europea. Como decimos, si el enfermo consume alimentos que contienen gluten, la mucosa del intestino delgado queda dañada, y tiene menos capacidad para absorber nutrientes esenciales como las grasas, las proteínas, los carbohidratos, los minerales y las vitaminas.

Entre sus síntomas destacan la diarrea, la pérdida de peso, la fatiga, la irritabilidad y el dolor abdominal. En los niños, se pueden dar síntomas de desnutrición, entre ellos problemas de crecimiento. Actualmente, la única forma de ayudar a los pacientes celiacos es proporcionarles una dieta sin gluten.

Algunos cereales interesantes

Los cereales más importantes que no contienen gluten son el arroz, la quinoa, el mijo, el maíz, el amaranto y el trigo sarraceno. Desde el punto de vista de los botánicos no todos son estrictamente «cereales», pero a efectos nutritivos no nos importa, ya que estos valiosos granos tendrán un papel protagonista en nuestra cocina.

¿Es el gluten o es el trigo industrial?

Los médicos y terapeutas nos dicen que no siempre el gluten es el culpable de las reacciones digestivas, sino también

el trigo común (candeal), el más utilizado en la producción de harinas, del pan y de la pasta industrializada. Se sospecha que es debido a la manipulación genética que ha sufrido la semilla para aumentar su resistencia a adversidades naturales y así hacerla más rentable.

Después de una fase de recuperación y sanación del sistema digestivo, muchas veces podemos volver a consumir cereales que contengan gluten, si excluimos el trigo común de nuestra lista de la compra. En todo caso conviene tener muy en cuenta que los alimentos más naturales son los que más nos convienen.

De cada diez personas que sufren celiaquía, entre 5 y 7 no lo saben, según datos de la Sociedad Española de Enfermedad Celíaca, un trastorno que afecta a más de 50.000 personas en España.

Sabes si eres celíaco

Pese a ser una enfermedad cada vez más frecuente, la celiaquía continúa siendo bastante desconocida. El motivo principal está en que muchas personas que la padecen no dan demasiada importancia a los síntomas. Muchas veces incluso achacan estas molestias al hecho de tener un estómago delicado.

A veces, los médicos también tienen dificultades para diagnosticar la enfermedad debido a los síntomas algo difusos. En muchas ocasiones puede llegarse a confundir con una colitis ulcerosa, con síntomas de la enfermedad de Crohn o del colon irritable.

Los síntomas. Dolor e hinchazón abdominal, vómitos, dolores de huesos, digestiones complicadas, diarrea, hormigueo en las extremidades, erupciones en la piel, llagas en la boca, etc… todos estos síntomas pueden ser debidos a la celiaquía.

Las pruebas. Para saber si una persona es o no celíaca lo normal es hacer un análisis de sangre y una biopsia del intestino delgado. También conviene seguir diferentes pruebas de *screening* para detectar los anticuerpos más comunes.

Alimentación y dieta

Las personas que sufren esta enfermedad «deberán eliminar de su dieta cualquier producto que lleve como ingrediente trigo, avena, cebada, centeno, espelta y/o productos derivados: almidón, harina, panes, pastas alimenticias, etc.».

Por suerte, las personas celíacas pueden tomar todo tipo de alimentos que no contengan gluten en su origen: carnes, pescados, huevos, leche, los cereales sin gluten que hemos comentado, legumbres, tubérculos, frutas, verduras, hortalizas, grasas de calidad… e incluso azúcar. Además, con un poco de práctica podemos preparar recetas tan sabrosas que las querrán comer el resto de las personas a la mesa.

De todas formas, en las casas en las que hay un celíaco se recomienda eliminar las harinas de trigo y el pan rallado normal, y utilizar en su lugar harinas y pan rallado sin gluten o copos de puré de patata para rebozar, albardar, empanar o espesar salsas. De esta forma, muchos de los alimentos que se preparan los puede tomar toda la familia, incluido el celíaco,

Preguntas y respuestas

¿Cuál es el tratamiento?

Una vez efectuado el diagnóstico, el tratamiento del celíaco debe iniciarse inmediatamente y consiste en **una dieta libre de gluten a lo largo de toda la vida**. La dieta sin gluten permite que la alergia (inflamación) intestinal desaparezca y así se recuperan las vellosidades intestinales y las funciones de absorción del intestino. De esta manera disminuyen las complicaciones derivadas por la mala absorción de nutrientes y las reacciones inmunocelulares que generan daños en otros órganos del cuerpo. El médico deberá proporcionar por algún tiempo, suplementos alimentarios, vitaminas y minerales durante las fases iniciales de la recuperación.

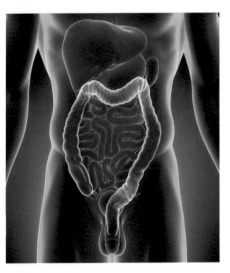

¿Qué es el gluten?

El gluten es un grupo de proteínas presentes en algunos cereales, especialmente en el trigo, pero también en el centeno, cebada y avena. Un tipo de ellas se denominan prolaminas y tienen distintos nombres según el cereal donde se encuentran: gliadinas en el trigo; hordeínas en la cebada; secalinas en el centeno y avenina en la avena. Dentro del gluten se encuentran también otro grupo de proteínas denominadas gluteninas.

Cuando la harina de uno de estos cereales se mezcla con agua, dos proteínas del grano pertenecientes al grupo de las prolaminas, las gliadinas y las glutaminas, se unen para formar una red proteica llamada gluten.

El pan. La importancia de estas proteínas radica en que las gliadinas y las gluteninas dan a las masas (panes y pastas) una estructura diferente, confiriéndoles elasticidad y esponjamiento, ya que permiten atrapar gas durante el amasado. La gliadina le da a la masa plasticidad y elasticidad, mientras que la glutenina aporta solidez y estructura.

En el proceso de panificación, las proteínas del gluten son las responsables de la elasticidad y extensibilidad de la masa, siendo cruciales para la obtención de pan. Sin ellas, el pan no poseería la estructura adecuada y tampoco se elevaría.

Estas características tan valoradas en la industria de alimentos ha-

Cuál es el origen

Los investigadores coinciden al destacar el desconocimiento sobre que el origen y las causas de la enfermedad celíaca, pero tenemos bastantes pistas para orientarnos. Por ejemplo, que es de origen genético y comparte alguna similitud con las diabetes (en especial la diabetes del tipo 1). La genética influye, desde luego, sobre todo en el propio grano del trigo: ¡ha sufrido todo tipo de manipulaciones industriales pensando más en la productividad y el rendimiento que en la salud!

Desde hace cinco años se sabe (Escuela de Medicina y Odontología de Londres) de alteraciones de tipo genético («una región en el cromosoma 4») que afecta al riesgo de padecer dicho trastono. Por otra parte existe un estudio de la Universidad de California según el cual la mutación de un gen (Neurogenin-3) provoca diarreas y trastornos intestinales en los niños. Los investigadores consideran que dicha mutación, relacionada con la diabetes, el síndrome del intestino irritable y la inflamación intestinal, también tiene que ver con la intolerancia al gluten. Sin embargo, hoy en día dicha intolerancia es cuatro veces más común que hace 50 años y afecta a una de cada cien personas. Nadie sabe porqué, pero ello sugiere que los argumentos genéticos no nos pueden explicar la raíz de las causas.

En España, el Consejo Superior de Investigaciones Científicas ha puesto en marcha este año en el Hospital Universitario de Tenerife un proyecto de investigación sobre los factores genéticos, la alimentación y los patrones de colonización microbiana en los niños lactantes.

Uno de los objetivos es estudiar el efecto del tipo de lactancia y su interrelación intestinal, así como con el desarrollo del sistema inmunitario del recién nacido (y la predisposición a padecer la enfermedad celíaca).

Otro dato interesante que nos da pistas acerca de las causas es la recomendación que se hace a todas las mamás sobre las ventajas de la lactancia materna… junto con la recomendación clara de no alimentar a sus hijos con papillas de cereales antes de tiempo (los fabricantes de papillas, que van a lo suyo, las recomiendan demasiado pronto).

cen que el gluten se añada también en alimentos que naturalmente no lo contienen.

¿Qué pasa cuando un celíaco consume gluten?

Una fracción o parte de estas proteínas es reconocida por el sistema inmunológico o defensivo en el intestino. Esto desencadena una serie de reacciones inflamatorias que producen daño al intestino y a otros órganos como por ejemplo tiroides, páncreas y articulaciones.

¿Dónde se encuentra el gluten?

En el trigo y todas su variedades (triticale, bulgur, cuscús, espelta, kamut), en el centeno, la cebada y la avena (si bien en el caso de la avena se están estudiando más sus efectos). Y también en todos los productos derivados de estos cereales.

¿Qué pasa con la avena?

Algunos estudios recientes muestran que las proteínas de la avena (aveninas) no serían dañinas para los celíacos. Sin embargo el problema casi universal es que la avena está siempre contaminada con otros granos (trigo, cebada, centeno) que sí contienen gluten.

Esta situación se genera desde los cultivos en el campo con la rotación de cultivos, y en todas las cadenas productivas de harinas. Considerando pues que el cultivo de avena se alterna con trigo, hoy por hoy lo más prudente es asumir que la avena está siempre contaminada con gluten. Por esto eliminaremos también la avena también en una dieta libre de gluten.

¿Cómo leer las etiquetas de los alimentos envasados?

Al leer las etiquetas hay que tener especial cuidado en:

■ **Términos genéricos:** ingredientes bajo un mismo nombre que no declaran ingrediente con gluten pero que sí pueden contenerlo. Por ejemplo: «concentrados proteicos», pueden contener gluten.

■ **Contaminación cruzada:** ingredientes o aditivos que pueden haber estado expuestos a una contaminación en forma involuntaria y arrastrar trazas de gluten.

■ **Ingredientes con trazas de gluten:** Pueden ser aditivos o ingredientes que en algún proceso derivaron de los cereales prohibidos, por ejemplo: almidones, almidones modificados, proteínas vegetales hidrolizadas, saborizantes naturales como los derivados de la malta, colorantes por ejemplo caramelo, salsas como la de soja, algunos derivados lácteos, coberturas de quesos, licores, lápices labiales, pastas dentales, adhesivos, etc.

Aunque el etiquetado de los productos preparados de la industria alimentaria ha mejorado mucho, en este caso todavía presenta lagunas e insuficiencias. En caso de dudas sobre cualquier alimento, no lo consuma.

¿Qué es la contaminación cruzada?

Conviene tener presente que existe la posibilidad de que los alimentos sin gluten puedan, en algún momento, contaminarse con esta proteína, con lo que dejan de ser aptos para los celíacos. Esto se llama contaminación cruzada con gluten y se puede producir básicamente en dos lugares: en las fábricas de alimentos y en el hogar.

En las fábricas de alimentos, o en los molinos, donde se elaboran harinas o productos sin gluten, pueden almacenarse o elaborarse paralelamente alimentos con gluten. Si se almacenan en un mismo lugar alimentos con y sin gluten, estos últimos pueden adquirir en forma involuntaria restos de trazas de gluten, contaminándolos. Por esto antes de comprar, deberemos consultar necesariamente las listas de alimentos previamente certificados.

¿Qué alimentos seguros puede consumir un celíaco?

En España disponemos ya de listas de restaurantes que ofrecen menús sin gluten, y en Europa existe la certificación de alimentos y medicamentos para asegurar qué productos son seguros, es decir, libres de gluten. Hay que tener en cuenta que se analizan con un método que detecta hasta 1 parte por millón (ppm) de gliadinas y que identifica otras fuentes de prolaminas (cebada y centeno).

El pan para celíacos

Elaborado con harinas de cereales sin gluten, como las de maíz, de arroz y de trigo sarraceno, estos panes son aptos para personas con intolerancia al gluten. Es algo que propicia que su forma sea a menudo diferente (planos y compactos), porque al carecer de gluten no es fácil que suba la masa.

En los últimos años, la innovación en ciencia y tecnología de los alimen-

tos ha conseguido la elaboración de nuevos panes sin gluten. Muchos de ellos se obtienen mediante la mezcla de harinas de maíz o de arroz con otras de cereales aptos, como el trigo sarraceno, o de leguminosas como la soja.

Uno de estos nuevos ingredientes es la harina de «maca», un superalimento que nos llega de América y podemos añadir a nuestro pan, convirtiéndolo en mucho más nutritivo.

La esponjosidad se consigue con la adición de la levadura adecuada (certificada sin gluten) y de diversos aditivos gasificantes, espesantes y emulsionantes.

El sabor del pan. En el Centro Especial de Investigación de Tecnología de los Alimentos (CeRPTA) de la Universitat Autònoma de Barcelona, consiguieron fabricar pan con un 0% de gluten. El valor añadido de este alimento para celíacos parece estar en el sabor similar al pan elaborado con harina de trigo, una textura similar, una miga esponjosa y volumen normal, con un sabor personalizado que lo diferencie de los productos convencionales.

Además, los expertos usaron ingredientes exclusivos de origen animal, lo cual permite el consumo de este tipo de pan por parte de personas con intolerancia a la lactosa y al huevo.

Harina de arroz. Más recientes son los resultados de otra investigación realizada también en España sobre un pan sin gluten, que llega desde el Consejo Superior de Investigaciones Científicas (CSIC). En este caso, la elaboración partió de harina de arroz enriquecida en proteínas y, según explican los autores, «supera las limitaciones de textura y sabor que caracterizan a los productos sin gluten por su corteza crujiente y miga elástica, con un perfil energético y nutritivo semejante a los panes tradicionales».

Riesgo de mezclar ingredientes. Con respecto a los panes sin gluten que no se venden envasados, es conveniente adquirirlos en las panaderías recomendadas por las asociaciones regionales de celíacos. El motivo es que la elaboración de un pan sin gluten en una panadería que trabaja con harinas de cereales «con gluten» conlleva un alto riesgo de contaminación del producto final. Además, no siempre es puro, ya que algunos fabricantes obtienen la harina de maíz o de arroz en molinos que se han empleado también para la molienda de cereales con gluten, con la consiguiente contaminación cruzada.

De elaboración casera

Con la nueva normativa que regula los alimentos sin gluten se establece el límite que debe figurar en la composición y el etiquetado de todos los alimentos para considerarse aptos. Por eso la compra de estos productos sin gluten es ahora más segura que hace unos años.

Incluso se puede elaborar este pan en casa, si se emplean harinas especiales de venta en panaderías, supermercados y tiendas especializadas. Para la elaboración del pan sirve la siguiente fórmula:

1. Mezclar 650 g de harina de maíz y 1 g de harina de arroz.
2. Añadir a la mezcla anterior medio kg de tapioca. También se necesitará agua, levadura sin gluten y sal.

Para su elaboración, hay que poner agua tibia en el recipiente donde se vaya a preparar la masa. Se añade la levadura al agua y, poco a poco, se adiciona la mezcla de harinas tamizadas sin dejar de batir, junto con la sal.

Tras este proceso, se da forma a la masa y se coloca en una bandeja de horno embadurnada con un poco de harina.

Con el horno precalentado con antelación, se hornea la masa hasta que esté dorada.

La dieta sin gluten permite que la alergia (inflamación) intestinal desaparezca y así se recuperan las vellosidades intestinales y las funciones de absorción del intestino. De esta manera disminuyen las complicaciones derivadas por la mala absorción de nutrientes y las reacciones inmunocelulares que generan daños en otros órganos del cuerpo.

El médico deberá proporcionar por algún tiempo, suplementos alimentarios, vitaminas y minerales durante las fases iniciales de la recuperación. Luego solo es necesario mantener una dieta libre de gluten para siempre.

Síntomas de la enfermedad según la edad

Los profesionales de la salud advirtieron que los síntomas de la enfermedad se detectan con diferentes signos según la edad que tenga el paciente. En este orden, hay que tener en cuen-

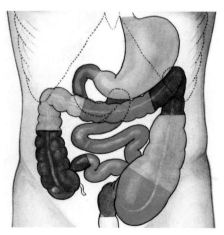

ta que la intolerancia al gluten provoca una lesión en el intestino, que es característica y genera una atrofia en las vellosidades del intestino delgado, hecho que trastorna la absorción de nutrientes en los alimentos.

Así, en el caso de los pequeños, la enfermedad se manifiesta con una diarrea crónica, vómitos permanentes, pérdida de peso, falta de masa muscular, distención abdominal, retraso en el crecimiento, cabello y piel seca, irritabilidad, hiperactividad, dislexia, autismo e hiperactividad.

En los adolescentes existe dolor abdominal, retraso del ciclo menstrual, retraso puberal, estreñimiento, queilitis angular, aftas, cefaleas, rechazo a la actividad deportiva y anemia ferropénica.

Los adultos padecen osteoporosis, fracturas, artritis, diarreas, estreñimiento, desnutrición, abortos espontáneos, infertilidad, caída de cabello, menopausia precoz, depresión, neuropatías periféricas, cáncer digestivo, colon irritable y pérdida de peso.

Aprendiendo a comer sin gluten

La dieta libre de gluten incluye una gran variedad de alimentos que le permitirán cubrir casi todos sus gustos y recuperarse totalmente. Se puede vivir perfectamente sin gluten, solo requiere fuerza de voluntad y persistencia en el cambio de hábitos, que deben ser de por vida. Para ello se requiere dejarse apoyar por su médico, nutricionista y redes de apoyo como otros pacientes, fundaciones de celíacos y mucha educación leyendo libros, artículos y páginas web para enfermos celíacos. Las fundaciones nacionales e internacionales son estructuras de primera línea en este apoyo educativo y de tratamiento.

Hay que tener especial cuidado cuando se leen las etiquetas de los alimentos envasados porque no siempre la rotulación es completa, clara y responsable.

Casos leves

Como decimos, en caso de intolerancia el gluten provoca inflamación de la mucosa del intestino delgado, causando dolor, mala digestión y consecuentemente mala absorción de los nutrientes (falta de apetito y síntomas de desnutrición).

Recordemos que, además del arroz y del maíz, existen otros cereales menos conocidos que pueden sustituir al trigo y los que provocan intolerancia. Por ejemplo, el trigo sarraceno (alforfón), el amaranto, el mijo, la quinoa o la tapioca.

Cambios

Es un momento de cambios: una nueva lista de la compra, plantearse hacer talleres o cursos de cocina sobre el tema, conocer tiempos de cocción de otros cereales y tener recetas de preparación amena. La primera recomendación importante es que hay que acostumbrarse a leer las etiquetas de

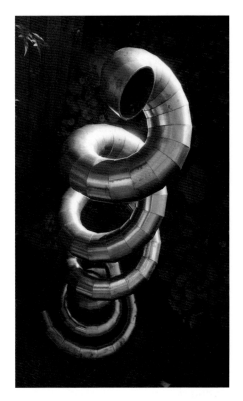

muchos productos de consumo habitual, ya que allí se encuentra la información sobre si el producto contiene gluten o trazas de él.

La segunda es que hay que volver a la cocina casera, más natural y menos «industrial», basándose en fruta y verdura fresca, junto los cereales recomendados y completando el plato con algún tipo de proteína, como los huevos biológicos, quesos o yogures biológicos, tofu, hamburguesa vegetal, o la combinación de legumbres con los cereales permitidos en una relación de una a tres respectivamente.

En caso de intolerancia leve

Con una dieta restrictiva de esos cereales en muchos casos hay recuperación del sistema digestivo e inmunitario. Puede comenzarse por incorporar variedades del trigo, como la espelta o el kamut (llamado «trigo de los faraones»), que son dos variantes más «ancestrales» —existen desde hace más de 7.000 años— menos transformadas o genéticamente manipuladas y que aportan más propiedades nutritivas, por lo que son más favorables que el trigo candeal.

Éste —que es el cereal más utilizado en la producción de pasta, pan, pizzas, harinas, galletas y bollería— ha sufrido muchas modificaciones durante las últimas generaciones para hacer el grano más robusto, resistente a infecciones, plagas y herbicidas y por ende más productivo, hasta convertir su proteína en una sustancia difícil de reconocer por el tracto digestivo humano. Todo ello causa una reacción de rechazo como autoprotección del organismo (intolerancia).

Prevención de intolerancias. Con una sustitución del trigo candeal y sus subproductos por otros a base de espelta y kamut, a menudo desaparece la reacción de intolerancia, que posiblemente no era al gluten en general, sino al trigo en particular. Vale la pena probar estas alternativas después de una pausa.

Y en todo caso, recomendamos dar preferencia en la compra a productos elaborados con espelta y kamut, aún mejor si son integrales y biológicos, ¡sobre todo en la dieta de los niños!, para prevenir cualquier reacción de intolerancia. Asimismo lo más recomendable es que cada caso particular sea valorado por un profesional de la salud.

La celiaquía
y su comprensión energética

La celiaquía se caracteriza por una inflamación crónica del intestino delgado producida por el gluten, que causa atrofia y aplanamiento de las vellosidades que recubren el intestino. Debido a los cambios en la estructura y función de la mucosa del intestino delgado lesionado, el organismo pierde capacidad de digerir y absorber los nutrientes de la comida. Como enfermedad supone una intolerancia total y permanente al gluten del trigo, cebada, centeno y avena. Esta es la mirada que sobre la celiaquía nos ofrece la especialista en cocina energética Montse Bradford.

La harina industrial
de cuatro cereales

Debido al gran uso que se le ha dado al gluten de estos cereales (especialmente al trigo) en la industria panadera, pastelería y bollería industrial, nos vemos bombardeados por estos ingredientes que van afectando más y más a toda la población.

Ya no solo las personas mayores, sino incluso jóvenes y niños están sufriendo esta enfermedad crónica.

Desde los 20-30 años estas industrias han superexplotado a estos cuatro cereales, con diferentes versiones modernas, que no son de origen biológico. Se fabrica pan blanco y bollería con harinas de mala calidad, con levadura artificial, azúcares y otros ingredientes totalmente artificiales, que poco a poco van lesionando nuestro intestino.

En los países occidentales el trigo es el cereal más consumido y utilizado. El 70% de los productos alimenticios manufacturados contienen gluten, al ser incorporado como sustancia vehiculizante de conservantes, aromas, colorantes, espesantes, aditivos, etc.

Algunos síntomas de celiaquía:

- Pérdida de las vellosidades normales del intestino delgado.
- Mejoría cuando se retira el gluten de la dieta.
- Diarreas crónicas, con la consiguiente debilidad y desgaste.
- Dolor abdominal recurrente,
- Vientre hinchado, gases, distensión abdominal.
- Fatiga muy extrema, con mucha debilidad.
- Pérdida de peso y masa muscular de forma muy evidente y preocupante.
- Severa desnutrición, a pesar de comer regularmente.
- Depresión, e irritabilidad. Alteraciones de carácter.
- Anemia y carencias de hierro, de vitamina B12 y vitamina D.

Levadura

¿Para qué sirve la levadura? ¿Por qué hay que utilizarla al hacer cualquier tipo de pan o bollería? Para hinchar la masa, ya que sino sería totalmente incomible. Todo lo que ingerimos tiene un efecto y reacción en nosotros, si tomamos algo de efecto inflamatorio también nosotros sufriremos esto efecto, y por supuesto ¡afectando directamente a nuestro sistema digestivo!

Hoy en día hay un enorme consumo de pan blanco, que puede que parezca apetitoso y crujiente a primera vista, pero si lo observamos, en unas horas, ¡tendrá una textura elástica, blanda y húmeda, como de goma!

También la bollería y la pastelería parecen tener una parte esencial en nuestra vida diaria, incluso puede sean los primeros ingredientes que consumimos tan solo al levantarnos, o como snack a cualquier hora del día.

Se los damos a nuestros hijos de forma totalmente inconsciente, sin comprender el gran daño que les producimos a largo plazo en su salud.

Reeducar el paladar

¿Por qué deseamos tanta bollería y tanto pan blanco? Porque hemos perdido la tradición de consumir los cereales en su expresión más integral y natural: cereales de grano entero. Estas semillas de vida, las podemos plantar y crear nuevas plantas, ¡nueva vida!

¿No es lo que deseamos en nosotros, tener vida y vitalidad? Entonces, ¿por qué elegimos comer alimentos totalmente artificiales y sin vida? Una inmensa mayoría de personas ya no utiliza cereales cocinados de grano entero como parte de su alimentación diaria, tan solo desean carbohidratos «fofos» que no sean densos.

En la antigüedad se comían cereales enteros integrales a diario; ¿por qué hemos perdido este hábito?

Sistema inmunitario

Un punto común en todas las personas celíacas es que su sistema inmunitario también está débil. Y poco a poco, dicha enfermedad aparece, con síntomas que se van haciendo más evidentes a medida que pasa el tiempo.

Puede decirse que esta enfermedad es uno de los resultados de nuestra alimentación moderna, totalmente incoherente e inconsciente, que tan solo se guía por los sentidos y lo que nos gusta.

Hemos de comprender que cada alimento, sea sólido o líquido, posee unas **características físicas** (calorías, carbohidratos, minerales, proteínas, vitaminas, etc..), **pero también energéticas** (nos puede producir efectos de hinchar, inflamar, tensar, bloquear, acumular, crear calor o frío, hiperactividad, debilidad, somnolencia, o de alterar nuestro sistema nervioso...). Hasta que no lleguemos a esta consciencia en la alimentación, siempre seremos esclavos de los alimentos y ciegos a las enfermedades que nos producen.

Algunos consejos

■ Es importante reforzar el sistema inmunitario y alcalinizar la sangre con el uso a diario de verduras del mar (algas).
■ Usaremos a diario variedad de semillas (sésamo, girasol, calabaza) como

sal durante unas 2-3 semanas, tales como la chucrut (pickles).

En resumen

Evitaremos el consumo de grasas saturadas como carnes, embutidos, todos los lácteos, ya que estos alimentos no ayudan a mantener una buena calidad de flora intestinal, produciendo putrefacción, pérdida de flora intestinal*, acumulaciones de toxinas y acidez en la sangre.

Puede que en el momento del diagnóstico pensemos que es un gran problema, pero la verdad es que puede ser para nosotros un gran regalo, ya que nos haremos más conscientes, buscando más la calidad de lo que comemos. Y este cambio nos dará poco a poco sus frutos, ¡generándonos más salud, vitalidad y energía!

frutos secos (almendras, avellanas, nueces, piñones, etc..) o mantequillas de frutos secos o semillas en aliños, salsas, etc.

■ Es mejor que las personas celíacas coman la fruta cocinada en forma de compota.

■ Es conveniente utilizar condimentos fermentados en la confección de las recetas tales como el hatcho miso, o tamari (soja fermentada sin gluten), o la ciruela umeboshi (por su alto poder alcalinizante y tonificante del sistema digestivo). También podemos usar a diario fermentados de verduras caseras, hechas con agua y

---

* N. del E: los probióticos, como el vinagre de sidra, hortalizas fermentadas (pickles, chucrut), y algunos lácteos fermentados, como el kéfir y los lactobacilos del yogur, así como el kéfir de agua (kombucha) poseen, entre otras propiedades, la de favorecer la regeneración de la flora intestinal.

En caso de celiaquía, vale la pena conocer

Algunos ingredientes

Si eres nuevo en la cocina ecológica, vegetariana y sin gluten, la mayor parte de los ingredientes de la lista que sigue te serán desconocidos o poco conocidos. Los encontrarás sin dificultad en cualquier tienda especializada en productos ecológicos o en herbodietéticas con producto fresco. Aquí comenzamos con ingredientes fáciles de encontrar y que aparecen en numerosas recetas.

Por eso no encontrarás recetas con sorgo o con amaranto: ¡cuesta bastante acostumbrarse a esos sabores! Pero si te gustan, podrás usarlos para sustituir a la quinoa o al mijo. No te pediremos que compres un paquete de harina de mandioca para utilizar una cucharada... Si sale en las recetas de la revista es porque hay muchas posibilidades de que aparezca, a su debido tiempo, en todo tipo de recetas.

Comienza, entonces, a proveer tu despensa con los ingredientes que te parezcan imprescindibles de verdad. Ve adaptando el contenido de las estanterías de la cocina poco a poco, en función de tus necesidades, y de aquí a unos meses tendrán un aspecto totalmente diferente.

Esta relación de ingredientes comprende únicamente los alimentos «sin gluten de forma natural». Si sufres de intolerancia o alergia y has de utilizar ingredientes certificados, verifica con atención que lo sean.

Cereales

El arroz

Excepto en el caso de alergia, el arroz es un cereal imprescindible en la cocina sin gluten. Deléitate con arroces de todas las procedencias y todos los sabores: thai, basmati, rojo, negro, redondo, italiano, japonés...

Las **harinas de arroz** (blanco, integral, semiintegral) te serán particularmente útiles en panadería y pastelería. Con un sabor muy neutro, constituyen una base a completar con harinas más comunes (castaña, trigo sarraceno...). Aportan esponjosidad y ligereza y se hinchan con mucha facilidad. Cuanto más integral sea el arroz, más rica en nutrientes será la harina, y más agua necesitará para su preparación. Por norma general, recurro más al arroz integral o semi integral, pero en ocasiones utilizo harina de arroz blanco, muy ligera, sobre codo para los brioches o la pastelería fina.

También existe la harina fina de arroz blanco, así como precocida, también conocida como crema de arroz en polvo, que se utiliza como una fécula para hacer salsas o papillas. La harina de arroz es destacable por su elevado índice glucémico. Si se presta atención al índice glucémico de los alimentos, es mejor privilegiar las **harinas de legumbres**, de **pseudo cereales** (trigo sarraceno, quinoa, amaranto...), de **coco** o de **chufas**, así como las de **almendras, avellanas y**

otros **frutos secos**. Resulta difícil encontrar una harina sin gluten tan polivalente como la harina de arroz.

En lo que respecta a la **sémola de arroz**, suple muy bien a la de trigo duro en la preparación de postres fríos o calientes. Los **copos de arroz** son granos de arroz precocidos al vapor y aplastados antes de proceder a su deshidratación.

Por último, están el **bulgur de arroz** (natural, aromatizado o mezclado con trozos de castaña), el **cuscús de arroz** (muchas veces, mezclado con maíz) y deliciosas **pastas de arroz** (espagueti, tagliatelle, fideos pad thai, vermicelli de arroz, etc.).

Mijo

El mijo es un cereal de granos pequeños y color amarillo, rico en minerales, digestivo y sabroso. El mijo y sus parientes cercanos (el mijo perla, el sorgo, el tef o el fonio) se cultivan

principalmente en Asia y en África. No obstante, en Francia existe una industria dedicada al mijo ecológico. Para un deleite más variado, también puedes sustituirlo por tef.

El mijo descascarillado se cuece en veinte minutos con dos veces y media su volumen de agua con sal. Existen la harina de mijo tierno (descascarillado) y la harina de mijo marrón (una variedad silvestre cuya cáscara es comestible y permite una moltura completa del grano). Esta última es rica en nutrientes y también se puede comer cruda.

Los copos de mijo se inflan especialmente bien al cocer y el resultado es muy cremoso. La sémola de mijo es de uso tradicional en las recetas del oeste de Francia, para postres, papillas y suflés. Algo más rara es la leche de mijo, que se usa a menudo mezclada con leche de almendras o de avellanas, pues por sí sola resulta algo insípida.

Maíz

Planta herbácea que se considera por lo general como un cereal, el maíz supone un caso aparte. En las secciones «sin gluten», los productos a base de maíz son numerosos: panes, pasta, pasteles, galletas... Sin embargo, el maíz contiene una prolamina (la zenina) que algunos intolerantes al gluten podrían no tolerar. En la dieta Seignalet, se desaconseja de forma enfática su consumo (igual que el del mijo, por cierto).

El maíz se usa mucho en la cocina tradicional de Saboya, en forma de polenta, sémola de maíz cocida en leche y, normalmente, servida con una buena dosis de queso rallado. Más allá de este uso corriente, la polenta obra maravillas en las masas para galletas o pasteles, pues aporta una corteza crujiente y un interior tierno incontestables.

Se recomienda la **sémola de maíz** instantánea (frente a la tradicional), que presenta la ventaja de valer para todo tipo de usos.

La **fécula de maíz**, comercializada con el nombre de maicena, ocupa un lugar de honor en la mayor parte de las despensas sin que se sepa necesariamente para qué utilizarla. Si se usa para sustituir una parte de la harina, aporta ligereza y esponjosidad a pasteles y bizcochos genoveses. También existe la **leche de maíz**, cuyo sabor dulce recuerda al de la leche de arroz.

Fonio, sorgo, tef

Estos cereales, familiares cercanos del maíz, se cultivan principalmente en Asia y África. La **harina de tef** tiene la ventaja de aportar elasticidad a las preparaciones, lo que no es habitual en el grupo de las harinas sin gluten, con excepción de la tapioca. No dudes en comprar un paquete de vez en cuando; será una buena inversión.

Avena

La avena es un caso aparte porque solo hay algunas que no tienen gluten, por eso hay que asegurarse antes de comprarlas. En la sección de productos «certificados sin gluten». Si puedes comer avena, date el placer de comer sus granos cocidos (gachas de avena), igual que si se tratara de arroz. Están también el **bulgur de avena**, la **crema de avena en polvo** (harina precocida), la **leche de avena** y la **nata líquida de avena**.

Pseudocereales

Trigo sarraceno

El trigo sarraceno, también conocido como «trigo negro», está desprovisto de gluten de forma natural. Las personas sensibles han de tener en cuenta, sin embargo, que está indicado como alimento con riesgo de intolerancia (no ligada al gluten) desde 2012.

El trigo sarraceno descascarillado se presenta en forma natural o tostado (kasha). El kasha es un plato tradicional de los países del Este, donde hay una gran querencia por los sabores torrefactos. La cocción del kasha es muy rápida (dos minutos) y la del trigo sarraceno sin tostar tampoco lleva mucho más tiempo (entre diez y quince minutos).

Se recomienda el trigo sarraceno sin tostar, porque así puede dejarse germinar y comerse crudo o tostarlo uno mismo en tres minutos en la sartén. Moleremos el trigo sarraceno (sin tostar) en cantidades pequeñas, para obtener una harina de trigo sarraceno fresca y lista para usar.

Cuando hayas probado la diferencia entre la harina fresca y la harina empaquetada, lo entenderás... Una buena batidora de pequeño tamaño o un molinillo eléctrico para café son perfectos para este fin. Pocas veces la harina de trigo sarraceno se usa sola, puesto que es bastante densa y de gusto pronunciado. Pero a cambio, casa muy bien con la harina de arroz,

la harina de almendras o con una harina rica en proteínas, como la de la quinoa. En las tiendas de alimentación ecológica puede encontrarse harina de trigo sarraceno, crema de trigo sarraceno en polvo o copos de trigo sarraceno, y en la sección «sin gluten» están las fantásticas pastas de trigo sarraceno (fideos soba, hélices, macarrones...). También existe la leche de trigo sarraceno (más rara), que podemos hacer en casa a partir de copos.

Quinoa

La quinoa es una planta de la familia de las quenopodiáceas originaria de los Andes, donde se ha cultivado desde siempre. Allí se cultivan tres variedades de quinoa: blanca, roja y negra (silvestre). No dudes en mezclarlas para disfrutar de sus colores y de su textura, más o menos crujiente y tierna. La quinoa se cuece en diez minutos (más cinco minutos de reposo con la tapa puesta) con una vez y media a dos veces su volumen de agua hirviendo con sal. Esta cocción rápida la convierte en un excelente «cereal» de urgencia desprovisto de gluten de forma natural. Solo hay que tener en cuenta una condición

importante: ha de estar muy bien lavada y enjuagada previamente, antes de cocinarla.

La **harina de quinoa**, bastante característica, se utiliza en cantidades pequeñas. Su gusto herbáceo resulta muy agradable en infinidad de recetas, como podemos ver en este libro. Con toda clase de hortalizas y verduras, con condimentos, con tomate seco... hasta el chocolate o el café, por ejemplo. También la podemos encontrar en forma de **crema de quinoa en polvo**, de **copos de quinoa** y de **leche de quinoa**.

Amaranto

Más que un cereal sin gluten es una semilla. Las proteínas del amaranto son de altísima calidad y con un alto grado de asimilación. Es rico en lisina (0,89%), un aminoácido esencial del que generalmente los cereales no

contienen demasiado, especialmente el trigo (0,32 %) y el maíz (0,27%), y enriquece los platos a los que se les añade.

La presencia de lisina y de lecitina hacen del amaranto un alimento tónico para los nervios y el cerebro. Posee un alto contenido en calcio, fósforo, magnesio y hierro (este último muy importante para los niños, adolescentes y mujeres, que, por lo general, tienen un mayor gasto de energía).

Se reconoce por su color rojo oscuro, llamado precisamente rojo amaranto, y se puede ver crecer en las terrazas y balcones de las casas, donde se cultiva como planta ornamental.

Considerado un alimento sagrado por los aztecas y los incas, era la base de su alimentación hace ya 3.000 años. Los españoles, para someterlos, decretaron la pena de muerte para los que la cultivaran o comerciaran con sus semillas. Y el amaranto casi desapareció.

Su fibra es esencial para una salud plena. Gracias a su alto contenido en fibra, el amaranto tiene un efecto beneficioso en la digestión y en las funciones intestinales.

Carece de gluten, lo cual lo convierte en un alimento especialmente adecuado para celíacos y personas con los intestinos delicados. Su sabor es agradable, tanto solo como acompañando a verduras y cereales, pero muy peculiar, por lo que conviene que el paladar se acostumbre. Por lo general, se consume en forma de grano o inflado. Es preferible obtener su harina con un molinillo casero, así se conserva fresca.

Es también una base idónea para las papillas de los bebés, o como sopa para tonificar a convalecientes y ancianos. Resulta tan versátil que se puede añadir, solo por sus propiedades, a cualquier plato de cereales. Cuando se incorpora al arroz hace que los platos queden crujientes. Agregado al mijo se convierte casi en una crema para acompañar verduras y legumbres.

La semilla de amaranto se cocina de igual modo que otros cereales y se puede utilizar de forma óptima para la preparación de tartas, sopas, postres y croquetas. Si se sirve como acompañamiento, puede convertir comidas sencillas en verdaderas especialidades.

Para los crudívoros: las semillas lavadas y remojadas durante la noche se pueden añadir a un muesli fresco y crudo.

Calentándolas brevemente, las semillas de amaranto explotan como palomitas. El amaranto es ligero, fresco y se distingue por un delicado sabor a nuez, por lo que es ideal para el muesli, las galletas y los pasteles.

En algunas tiendas de herbodietética se pueden encontrar barritas sin gluten compuestas por semillas infladas de amaranto, miel, almendras y avellanas.

Tubérculos

La patata

Como todos los tubérculos, la patata no tiene gluten de forma natural. Aunque es económica y fácil de cocinar, conviene no perder de vista su elevado índice glucémico y no incluirla en todas las comidas. En lo que respecta a las féculas, la fécula de patata vale para casi todo.

Los copos de patata deshidratada también pueden servir a otros usos además del simple puré: para un empanado o en sustitución de una parte de la harina en un pastel salado, por ejemplo.

Mandioca

Las harinas, féculas y sémolas de mandioca y de tapioca son muy interesantes, ya que aglutinan y aportan elasticidad, dos cualidades poco habituales en las harinas sin gluten.

Chufa

También conocida como «almendra de tierra» o «nuez atigrada», la chufa es un tubérculo que recuerda a unas nueces pequeñas y con un sabor dulce natural. La horchata de chufa es una buena bebida refrescante y muy popular, solo conviene, si está preparada, que no le añadan un exceso de azúcar.

En África, estos tubérculos se comen como si fueran bombones, y de ellos se obtiene aceite y harina. Aquí, la harina de chufa es una de las incorporaciones más recientes de la sección de harinas ecológicas sin gluten de forma natural. Tiene un gusto muy dulce, deliciosamente «avellanado», con una textura bastante fibrosa.

Más húmeda que granulosa, aporta una textura que actúa como elemento de ligazón en las preparaciones, incluso en crudo. Basta con hacer que se infle en un poco de agua, zumo de frutas o leche vegetal, para obtener un fondo de tarta, que se podrá acomodar en un molde o en un vaso, antes de añadir el relleno y ponerlo todo al fresco. Es rica en fibras y en minerales, y muy digestiva. La harina de chufa se puede añadir de ordinario a yogures y compotas o espolvorear en las ensaladas.

Legumbres

La familia de las legumbres engloba todas las semillas contenidas en las vainas de algunas plantas: habas, lentejas (verdinas, rubias, rojas...), garbanzos, guisantes secos, judías o soja. Frescas, se comen como si fueran verduras (guisantes, habas verdes, judías verdes...). Una vez secas, se las llama, por lo general, «legumbres secas», y figuran en lo más alto de la lista de productos ecológicos y económicos, por lo que hay que tenerlas siempre en la despensa.

Las legumbres constituyen una de las mayores fuentes de proteínas que existen. Considera el agregarlas al desayuno (en forma de patés, cremas, pastas para untar...) y a la comida.

El consumo de legumbres mezcladas con cereales supone una combinación óptima, con todos los aminoácidos que necesita el organismo y de los que, a veces, se tiene carencia cuando se es vegetariano. Cuida de proveer a tu organismo con los aportes indispensables y recuerda las combinaciones que te los proporcionan sin necesidad de gluten.

■ Arroz + lentejas
(rojas, verdinas, rubias...)
■ Arroz + tofu o tempeh
■ Quinoa + alubias rojas
■ Pan + hummus o paté de lentejas
■ Cuscús de maíz y arroz + panisse
(especialidad provenzal)
■ Pasta de trigo sarraceno + lentejas rojas o tofu

Muchas veces, los tiempos de cocción de cada cereal y leguminosa complementarios son los mismos: ¡una razón de más para asociarlos!

También existen las harinas de legumbres. La más corriente es la harina de garbanzos, pero se pueden encontrar asimismo harinas de altramuz, lenteja verdina o hasta de soja. Estas harinas son interesantes por su aportación en proteínas y un sabor muy agradable, como a guisantes o a cacahuetes, aunque no deben utilizarse en cantidades grandes, puesto que tienen tendencia a secar las preparaciones y darles una textura quebradiza.

Guisantes y garbanzos

En este grupo encontramos los guisantes verdes y frescos, así como su versión seca (los guisantes secos se encuentran tanto enteros como en copos precocidos), y los imprescindibles garbanzos, que se pueden adquirir secos, en conserva, en forma de harina o de copos precocidos.

Lentejas

La familia de las lentejas es una de las más amplias. Verdinas, rubias, beluga o rojas, las lentejas tienen colores, sabores y tiempos de cocción diferentes, pero todas son deliciosas en ragús, sopas o patés vegetales.

Algunas se quiebran en los primeros minutos de cocción (como las lentejas rojas) y dan lugar a una comida deliciosa. Otras (la verdina) son muy

resistentes y se prestan a ensaladas de hortalizas crudas con una buena vinagreta.

En algunas tiendas de alimentación ecológica se puede encontrar harina de lentejas verdinas, deliciosa en cantidades pequeñas para crêpes, galettes o masas para tartas.

Judías

La familia de las judías es mucho más amplia de lo que parece. Sí que hay pocas variedades de consumo común, que se comercializan secas o cocidas y en conserva. Las alubias blancas (cannellini) y las alubias rojas son las más corrientes.

La judía mungo, también conocida como «soja verde», suele consumirse fresca, en forma de brotes jóvenes. Las alubias negras son menos frecuentes, y la judía azuki, pequeña y rojiza con una veta blanca, da un toque japonés al conjunto. Su sabor, muy dulce, evoca al de la castaña.

Soja

La soja amarilla es un caso un poco aparte en la familia de las legumbres, dado que por lo general se consume en forma procesada. **Aceite de soja, leche de soja, yogur de soja, nata líquida de soja, salsa de soja, miso, tofu, tempeh, harina de soja o proteínas de soja texturizada** son todos derivados de la cocción y la transformación del grano de soja amarilla, ya sea tras su cocción, fermentación, filtrado o secado. Muy raramente hechos de forma casera, estos productos tienen la ventaja de que ofrecen una excelente fuente de proteínas lista para su uso.

Vale la pena tener siempre en casa leche de soja natural o con sabor a vainilla, para preparar yogures vegetales caseros. El carácter neutro del sabor de la leche de soja, su fluidez y su cualidad aglutinante la convierten en un muy buen sustituto de la leche de vaca en la preparación de crêpes, bechamel o postres. E igualmente es

muy interesante la salsa de soja (el tamari es pura soja y no contiene trigo, al contrario que el shoyu), miso o tofu, sea natural, ahumado o sedoso.

Tofu

Tanto el tofu como el tempeh no tienen equivalente en la cocina mediterránea. De origen chino, el tofu es una proteína vegetal, que no contiene gluten. Siempre nos referimos al que es natural, de soja ecológica no genéticamente modificada, como resultado de un particular proceso de cocción de la soja amarilla, reducida a crema, colada y después cuajada con *nigari* (cloruro de magnesio), de forma similar al proceso para obtener queso de la leche.

Suele ser un buen recurso para obtener proteínas en sustitución de la proteína animal y lo pueden tomar los niños (preferiblemente después de los tres años de edad), adultos y ancianos.

El tofu carece de sabor y puede absorber los sabores de los ingredientes con los que se combina. Es excelente en guisos, a la parrilla, hervido, en ensalada, frito, salteado con verduras, marinado, en revueltos de huevos y cocinado con salsas.

Es bueno para la salud: no contiene colesterol, facilita la eliminación de los depósitos de grasa; posee pocas calorías y pocas grasas saturadas. Las proteínas del tofu (siempre que haya sido bien cocinado) son de la más alta calidad por su digestibilidad y por ser muy ricas en importantes aminoácidos, como la lisina, poco presentes en los cereales.

El **tofu blanco natural** no contiene gluten; en cambio, al preparado en forma de croquetas a veces se le añade gluten (pan rallado, shoyu), y también el preparado ahumado y el asado a la parrilla contienen gluten.

El **tofu sedoso** se distingue del tofu natural por la consistencia: más acuosa, que recuerda a la de los flanes sin huevo. Es un buen ingrediente para elaborar deliciosas mousses y cremas para untar ricas en proteínas; mientras que el tofu natural, ahumado o aromatizado, se suele cortar en dados o en rebanadas antes de proceder a cocinarlo.

Es cierto que el tofu prácticamente no tiene sabor: precisamente por eso puede contenerlos prácticamente todos.

Altramuces

El altramuz es la legumbre más rica en proteínas. Su sabor a garbanzos ligeramente «avellanado» es muy agradable y una atractiva alternativa a la soja o a los garbanzos en lo que se refiere a proteínas vegetales de fácil consumo. El fruto del altramuz se comercializa, por lo general, cocido y en salmuera, ya que una buena cocción y una puesta en remojo prolongada garantizan la eliminación de las sustancias tóxicas que contiene. Hoy en día, en las tiendas de alimentación ecológica, se encuentran muchos productos a base de altramuces, listos para preparar en unos minutos en la sartén (productos en lonchas, hamburguesas...),

Marie Laforét ha recogido en un libro (ver pág. 157) varias maneras de transformar los altramuces en queso sin necesidad de añadir productos lácteos.

La *harina de altramuz blanco* (variedad desprovista de sustancias tóxicas) se utiliza de forma común en la

fabricación de productos industriales sin gluten, y ya hace algunos años que está disponible en las tiendas de alimentación ecológica. Aglutinante y emulsionante, aporta un hermoso color amarillo y puede ocupar el lugar de los huevos en algunas recetas.

Cacahuete

Clasificado con frecuencia, por error, como fruto seco, el cacahuete es, en efecto, una legumbre. El cacahuete se consume a menudo tostado y salado. Es un alérgeno corriente, que se puede sustituir con facilidad por otros ingredientes en la elaboración de muchas recetas. Así, los cacahuetes se pueden reemplazar por almendras o anacardos, y el **puré de cacahuete** (100% cacahuete) y la **mantequilla de cacahuete** (que contiene más azúcar y materias grasas) podremos cambiarla por un buen puré de anacardos, sésamo o almendras.

Frutos secos

Los frutos secos se caracterizan por su cáscara dura y, por lo general, se comercializan pelados. Son ricos en minerales, proteínas y materias grasas. Algunos se ponen rancios en muy poco tiempo. Es mejor guardar los más delicados en el frigorífico, las nueces en particular.

En casa podemos tostar tranquilamente y a menudo el tostado de frutos secos. Una pasada de cinco a diez minutos por el horno (según el tamaño) refuerza el sabor, los hace más crujientes y da a los platos en los que se esparcen un ligero toque tostado o ahumado, según el caso. No os saltéis este paso, pues se puede tostar una buena cantidad de frutos secos y conservarlos en un tarro durante una semana.

En otros casos, sin embargo, se ponen en remojo durante unas horas, lo que ayuda a ablandar los frutos secos para batirlos con mayor facilidad y conseguir una base cremosa. Además, al remojarlos se liberan las enzimas desactivadas por el proceso de secado y se vuelven más asimilables.

Nueces

Las nueces son una de las semillas más nutritivas. Contienen poca agua (3-4%) y un buen nivel de aceite (60%), de proteína (20%), vitamina E, calcio, hierro y zinc. Se consideran un alimento excelente para el cerebro.

Almendras

La almendra es uno de los frutos secos más económicos y más ricos en calcio. Se pueden triturar enteras, para hacer una **harina de almendras** integral más económica que la de los comercios, y se puede conservar en el frigorífico y usar en el momento. Si se prefiere quitar la piel a las almendras, un remojo de unos treinta minutos en agua caliente hará que se ablande, lo que ayudará a retirarla.

Además vale la pena tener siempre en la despensa **leche de almendras** y **nata líquida de almendras**, tanto para platos salados corno para postres o en el desayuno. El sabor dulce, la blancura y la cualidad aglutinante de la leche de almendra y derivados las convierten en indispensables en infinidad de recetas.

Las almendras contienen una gran cantidad de grasa (hasta el 60%), y son muy calóricas: 100 gramos tienen cerca de 600 calorías.

Las almendras son ricas en aceites poliinsaturados, proteínas (20%), potasio, calcio, hierro, zinc y vitamina E. Las almendras también con-

tienen un poco de amigdalina (laetrilo), que les brinda la reputación de alimento anticancerígeno.

Su alta proporción de arginina-lisina, las desaconseja en caso de predisposición al herpes labial.

El **puré de almendras** se obtiene de la moltura a mano de almendras, con o sin la piel. El puré de almendra blanca, con un regusto sutil, es protagonista en la repostería y la elaboración de salsas finas, mientras que el puré de almendra integral es más rústico y tiene un gusto y un color pronunciados.

Ambos son un sustituto excelente de la mantequilla y de la margarina en pastelería (pasteles, masas para tartas, crumbles, galletas...) y salsas del tipo de la bechamel. A menudo, para suplir la mantequilla en un pastel, utilizaremos una mitad de aceite de oliva y una mitad de puré de almendra blanca.

Avellana

Cocinar con avellanas es un placer; casa particularmente bien con las especias y las notas redondas y dulces de las verduras a la plancha, los cereales y los frutos secos. Se pueden tostar, ya que el sabor será sublime y la piel se romperá prácticamente sola después de unos pocos minutos en el horno. Una vez tostadas, las avellanas se pueden moler para hacer **harina de avellanas**.

Más caro que el puré de almendras, el puré de avellanas es una auténtica golosina para añadir a los postres de chocolate (mousses, pudines, tartas...). En las tiendas de alimentación ecológica también se pueden encontrar **aceite de avellana** (para consumir en crudo, en aliños) y **leche de avellana** (para utilizar, de vez en cuando, en sustitución de la leche de almendra en las recetas de postres).

Anacardos

El anacardo es un clásico moderno de la cocina ecológica y, de forma particular, de las recetas veganas, en las que se utiliza como **sustituto de la nata y de los quesos crema** o como base para la elaboración de yogures, quesos y cremas pasteleras o inglesas sin productos lácteos. El **queso de anacardos** es una de las joyas de la nueva cocina saludable.

El principio es sencillo: poner en remojo los anacardos durante varias horas, para que se ablanden e hinchen; a continuación, secarlos y pa-

sarlos por la batidora junto al resto de los ingredientes de la receta de la que se trate. El resultado es cremoso y untuoso, ya que el anacardo es rico en materias grasas.

Utilizaremos con frecuencia el **puré de anacardos** en sustitución de la mantequilla o la margarina en pastelería y elaboración de salsas, dado que es más barato que el puré de almendra.

Nueces de macadamia, nueces de Brasil

Las nueces de toda procedencia son parte habitual de mis recetas, aunque solo sea para dar vida a las ensaladas y los platos salados o para hacer galletas, crumbles o fondos de tarta. No dudes en intercambiar unas con otras. Los aceites de nuez y de nuez de macadamia, delicados y sutiles, se consumen en crudo, como aliño de ensaladas o en cremas para untar.

Piñones y pistachos

Estos dos frutos secos también son sabrosos y caros. Sublimes cuando se tuestan, los pistachos y los piñones se reservan para recetas festivas, pudiendo sustituirse por otros frutos secos o granos oleaginosos en las recetas del día a día. El **puré de pistacho** obra maravillas en pestos y pannacottas.

Castañas

En la familia de los frutos secos, la castaña va aparte. Su carne harinosa y su sabor dulce y rústico la convierten en uno de mis ingredientes predilectos. Las castañas cocidas al natural (comercializadas en conserva, al vacío o caseras) están deliciosas si se mezclan con verduras (puerros, cebolla...) y cremas vegetales para una salsa de textura aterciopelada, y me encanta utilizarlas en recetas con base de arroz (gratinado, arroz con leche de almendras, etc.).

En lo que respecta a la **harina de castaña**, es densa, colorida y muy sabrosa. Ha de utilizarse con mesura, igual que los copos de castaña, que requieren de cocción o deshidratación antes de incorporarse a las recetas.

Otro ingrediente distinguido: el **puré de castañas**. Esta crema de castañas sin azúcar (casi el 100% de castaña) es densa, untuosa y sabrosa. Para fundentes de chocolate, postres y pasteles, reemplaza con creces a toda o parte de la harina y las materias grasas.

Frutas oleaginosas

Aguacate

El aguacate es una fruta de pulpa tierna, rica en fibra, en vitaminas y en materías grasas mono insaturadas. Es otro de mis ingredientes predilectos, untado a modo de mantequilla sobre una rebanada de pan; degustado en cucharilla, con un buen tartar de algas, o batido como base para cremas de untar saladas (como el célebre guacamole), mousses o cremas de chocolate.

En Europa, el aguacate, que se cultiva en España, es una fruta de temporada invernal, que se consume entre noviembre y mayo. El resto del año, pueden encontrarse aguacates procedentes de América del Sur.

Aceituna

Incomible recién cogida por su gusto tremendamente amargo, la aceituna ecológica se pone en salmuera para quitarle el amargor, mientras que a la convencional se le realiza esta operación con sosa cáustica. La aceituna ecológica es, por tanto, un alimento fermentado rico en sabor, que se utiliza como condimento en cantidades moderadas. Verde, negra o violácea, aporta relieve a los platos salados

Semillas oleaginosas

(cremas para untar, mezclas para tartas o crumbles, galletas...). El aceite de oliva es el que más utilizaremos, aunque existen otros, como el de sésamo, que son igualmente muy recomendables.

Coco

En los últimos años, el fruto del cocotero ha originado un entusiasmo sin precedentes en el mundo de la cocina vegetariana. Hoy en día, además del clásico coco rallado y de la leche de coco, podemos encontrar harina de coco, azúcar de coco, crema de coco (clásica o en versión crema vegetal para cocinar, más rica y más espesa que la leche de coco) o aceite coco.

Este último se ha convertido en un ingrediente de referencia en la cocina vegana y en la pastelería en crudo, ya que se solidifica en frío, por lo que da consistencia y un toque crujiente a las masas para tartas y galletas, tanto en crudo como cocinadas.

Hay que distinguir el aceite de coco ecológico virgen o virgen extra del aceite de copra, utilizado con frecuencia en la industria agroalimentaria y extraído de los cocos secos con ayuda de disolventes. El aceite de coco ecológico virgen se extrae de la carne aún fresca del fruto.

Semillas de chía

Con origen en América del Sur, la chía es la semilla de una variedad local de salvia. No hace mucho que se descubrieron sus propiedades, parecida a las de las semillas de lino: rica en fibras, favorece la digestión y, al contacto con líquidos, genera un mucílago que absorbe hasta siete veces su peso en agua.

Si se mezclan las **semillas de chía con leche vegetal**, se conseguirá obtener en tan solo unos minutos un puding en crudo espeso, suculento y provechoso, y más aún tras doce horas de reposo en el frigorífico.

Si se ponen las **semillas en agua** para que se hinchen (incluso sin moler), se obtiene un gel que, al igual que el de las semillas de lino, actúa como ligazón y espesante.

Semillas de cáñamo y amapola

Al igual que el lino, el cáñamo también se cultiva en Francia desde hace mucho tiempo debido a las propiedades de su fibra. Se trata de una variedad no psicotrópica, distinta a la que se usa para extraer el cannabis.

Ricas en omega-3, sus semillas se venden descascarilladas y se aprovecharán mejor sus propiedades si se comen en crudo. Podemos espolvorearlas sobre la comida o añadirlas a las recetas de galletas o a las barritas no horneadas.

La semilla de la amapola proviene de la misma planta de la que se extrae el opio (igualmente sin propiedades psicotrópicas). Se suele utilizar en panadería y pastelería. En los países de Europa del Este es de consumo corriente, sobre todo en forma de pastas o de purés, que se utilizan para el relleno de brioches y tartas.

Semillas de lino

Las semillas de lino son ricas en ácidos grasos omega 3, saludables para el corazón y pueden ayudar a reducir el colesterol. Los ácidos grasos omega-3 pueden aliviar las inflamaciones. Cien gramos de semillas de lino contienen: 37 g de fibra, 22 g de ácidos grasos omega-3 y 350 mg de magnesio. Además, las semillas de lino contienen fitosteroles, ácidos fenólicos y ácido fítico.

100 g de semillas de lino proporcionan más de 26 g de proteína, alrededor de dos tercios de las necesidades diarias de un adulto. También son ricas en aminoácidos, importantes para el buen funcionamiento del

hígado y los riñones. Contienen una buena dosis de hierro y zinc, por lo que es recomendable consumirlas junto con frutas ricas en vitamina C, que ayuda a la absorción de estos minerales.

Las semillas de lino son la fuente alimentaria más rica en lignanos. De los aproximadamente cien tipos de lignanos, solo dos actúan como fitoestrógenos.

Los lignanos son antioxidantes y tienen actividad antitumoral. La soja y las semillas de lino incluidas en la dieta de las mujeres durante la menopausia pueden aliviar los síntomas asociados a ella.

Se puede agregar semillas de lino a los cereales para el desayuno, a las cremas de cereales o a las ensaladas; se añaden a la masa de pan, a los pasteles y a las galletas caseras. Unos 10 g (una cucharadita) son suficientes para cubrir las necesidades diarias de ácidos grasos omega-3 y para regular los intestinos.

Semillas de sésamo

Una cucharada de semillas de sésamo pesa 12 g. Unos 100 g de semillas de sésamo contienen: 7,9 g de fibra, 350 mg de magnesio y 670 mg de calcio.

Las semillas de sésamo son una fuente importante de ácidos grasos poliinsaturados y vitamina E, un antioxidante. El aceite de sésamo ejerce una fuerte acción antioxidante gracias al sesaminol, un tipo de lignano termoestable.

Las semillas de sésamo son una fuente clave de ácido fítico, una sustancia que se encuentra en la parte fibrosa (es decir, en las capas externas) de semillas, cereales y legumbres. El ácido fítico tiende a unirse a ciertos minerales, como el hierro, haciendo que resulten difíciles de asimilar por el organismo. Esto puede suponer una ventaja, ya que un exceso de hierro en los intestinos puede causar un aumento de los radicales libres.

Las semillas tostadas se pueden utilizar en la preparación doméstica de panes y pasteles, se pueden añadir a los cereales para el desayuno, así como a las ensaladas y a los platos de arroz.

Los granos molidos con un poco de sal marina nos dan un buen aliño de ensaladas: el gomasio. Y en forma de puré otro gran alimento: el tahini, ideal si lo untamos en una rebanada de pan sin gluten.

Como la miel, las semillas de sésamo se consideran un excelente estimulante suave del vigor sexual.

Pipas de girasol peladas

Contienen proteínas, minerales y vitaminas del grupo B; también son ricas en grasas poliinsaturadas. Cuando están peladas se ponen rancias enseguida, por lo que es bueno consumirlas tan pronto como sea posible. Un consumo regular de pipas de girasol ayuda a combatir la depresión, la fatiga, la irritabilidad. Los que fuman podrían tratar de comer pipas en lugar de encender un cigarrillo.

Están indicadas para la fatiga, los trastornos sexuales y el estrés.

Pipas de calabaza peladas

Contienen una buena cantidad de zinc, hierro y calcio, proteínas y vitaminas del grupo B. En la medicina tradicional de muchos países, especialmente en Europa, las pipas de calabaza tienen la reputación de estimular la función sexual masculina y de proteger la próstata.

Para problemas de próstata, he aquí una receta rusa: en un litro de agua hervir a fuego lento 100 g de pipas de calabaza durante 20 minutos. Tomar un vaso de la infusión 3 veces al día.

Están indicadas para la fatiga, la menstruación y la concepción, el cuidado de la piel y el estrés.

Algunos otros ingredientes

Setas shiitake

Hoy podemos encontrarlas con facilidad, generalmente secas o en conserva. Deben dejarse en remojo durante unos 30 minutos antes de usarlas y es necesario retirar el pie y aprovechar solo el sombrero. Son muy adecuadas para las sopas de verduras o de arroz integral, y excelentes en los platos de pasta sin gluten. Las shiitake son muy beneficiosas para los riñones y ayudan a eliminar el exceso de proteína animal.

Kuzu

El kuzu original (*Pueraria lobata*) es una raíz japonesa que crece hasta cerca de un metro de profundidad en la isla volcánica de Hokkaido. Es utilizado por los médicos orientales, pero también por muchos naturópatas occidentales para tratar los resfriados, la debilidad intestinal, el exceso de mucosidad, etc. Es bueno para neutralizar la acidez y para relajar los músculos demasiado tensos. También se utiliza en la cocina como espesante para sopas, salsas, postres y mermeladas. No contiene gluten.

Como medicina, el kuzu es único para curar la diarrea. También alivia la fiebre.

Se prepara así: 1 cc de kuzu, ½ taza de agua, 3 gotas de tamari o una pizca de sal.

Disolver el kuzu en agua fría añadiéndolo lentamente. Calentar en el fuego sin dejar de remover hasta que la mezcla se vuelva transparente, añadir sal o tamari, remover unos segundos y apagar el fuego. El kuzu debe tomarse al menos 20 minutos antes de las comidas, y es muy eficaz cuando se toma por la mañana.

Sal rosa del Himalaya

(la sal cristalina del Himalaya)

La sal del Himalaya es la mejor sal cristalina. Pura, con sus 84 ingredientes naturales y oligoelementos, es beneficiosa para restaurar el equilibrio y eliminar los residuos que acumulamos consumiendo las sales industriales de cocina. Está libre de los aditivos y las sustancias contaminantes que empobrecen la sal del mar. Contiene la energía que nuestro organismo necesita.

La sal cristalina natural es la sal de los mares primordiales en donde se originó. Debido a la energía de la luz, el mar primordial se secó hace más de 250 millones de años. Ahora extraemos este «alimento de la vida» de la tierra.

Con la sal cristalina nuestro organismo asimila a diario todos los elementos de los que está compuesto. Con la sal cristalina podemos producir la solución hidrosalina para autorregulamos y regenerar el organismo.

Efectos beneficiosos de la sal cristalina del Himalaya. La sal del Himalaya puede curar diversos trastornos de salud y ayuda en las siguientes enfermedades:

- Requilibra el pH natural cutáneo y alivia las enfermedades de la piel.
- Tiene un efecto antienvejecimiento y reafirmante de la piel, alivia las alergias, las enfermedades respiratorias y los resfriados.
- Contribuye a la higiene bucal y dental.
- Alivia las enfermedades oculares.
- Alivia las enfermedades renales.
- Es beneficiosa para los trastornos ginecológicos.
- Alivia los trastornos digestivos.
- Alivia las enfermedades reumáticas.
- Es buena para la gota, la artritis, la artrosis, la ansiedad, los problemas de concentración y los trastornos del sueño.

La sal cristalina del Himalaya se utiliza como sal de mesa y como base para la preparación de la solución hidrosalina.

Con la sal cristalina del Himalaya se puede producir solución hidrosalina para:

■ Mantener o recuperar la salud.
■ Contribuir al propio bienestar.
■ Recuperar el equilibrio mental y físico.
■ Expandir la conciencia.
■ Consumir una fuente inagotable de energía.

La sal es la clave para cada mínimo proceso en nuestro organismo. Sin sal no podríamos vivir, respirar o formular cualquier pensamiento.

La sal y el agua son los alimentos básicos, sustancias que están en el origen de nuestra formación miles de años atrás. El ser humano contiene más del 70% de agua.

Nuestra vida nace en el líquido amniótico de nuestra madre, a una temperatura de 37°C y en una mezcla de agua y sal al 1% llamada solución hidrosalina.

Nuestra sangre contiene un 90% de agua y es en sí misma una solución hidrosalina idéntica al mar primordial. Esta solución discurre por más de 90.000 kilómetros a través de nuestro organismo y proporciona por ósmosis el mantenimiento de nuestras funciones vitales.

«Umeboshi» (ciruelas saladas); «shiso» (producto fermentado)

Las ume son ciruelas japonesas (*Prunus mume*) que se recogen sin madurar y luego se secan al sol y se ponen en sal para que envejezcan de seis meses a quince años. Estas últimas tienen un sabor muy delicado. Junto con las ciruelas, también se salan hojas de shiso, que presentan un bello color violeta. Las umeboshi prácticamente nunca se deterioran.

Cuando más tiempo pasan en salazón, más aumenta su poder beneficioso. Se pueden conservar de manera segura durante décadas. Hay umeboshi de más de un siglo de antigüedad cuya carne es tan transparente que se puede ver el hueso.

Para ser eficaces, las umeboshi se curan en sal durante al menos tres años. En algunos casos especiales, a nivel terapéutico, resultan aún más eficaces envejecidas durante un período que oscila entre siete y diez años. Su calidad depende de la variedad de las ciruelas, lo natural que sea la sal y la elección apropiada de las hojas de shiso utilizadas en el proceso de curado.

Este producto ha sido ampliamente utilizado en la farmacología japonesa y es muy útil para resolver problemas de acidez de estómago, calambres y dolores de cabeza. Mejora la resistencia física, acaba con el estreñimiento gracias al ácido péptico que contiene, limpia la sangre y el hígado, etc. La ciruela ume es una de las frutas más ricas en nutrientes.

Dieta sin gluten

La enfermedad celíaca se produce por la existencia de una intolerancia permanente al gluten. Una vez diagnosticada la enfermedad, el único tratamiento efectivo consiste en el seguimiento de una dieta estricta sin gluten para siempre, que permite la normalización clínica y funcional de la mucosa intestinal. La ingestión incluso de muy pequeñas cantidades de gluten puede provocar la intolerancia, por lo que el éxito del tratamiento consiste en garantizar la ausencia estricta de gluten en la dieta.

¿Qué alimentos contienen gluten?

Como decimos, el gluten es una proteína presente en algunos cereales como el trigo, la cebada, el centeno y posiblemente en avena y sus derivados, sémola, kamut (variedad de trigo) y espelta (también conocido como trigo verde o trigo salvaje).

Por ello debe de eliminarse de la dieta cualquier producto que lleve como ingrediente el trigo, avena, cebada, centeno y triticale (cereal obtenido por cruce de trigo y centeno), así como todos sus derivados: almidón, harina, panes y pastas alimenticias. Teniendo en cuenta las materias primas con que se elaboran, frecuente-mente contienen gluten los siguientes productos:

- panes, tartas, pasteles, pizzas, repostería, galletas, bizcochos, gofres…
- crostones, empanadas y empanadillas, bollería, hostias de comunión
- pastas
- leches y bebidas malteadas, y bebidas destiladas o fermentadas a partir de cereales (cerveza, whisky, agua de cebada, algunos licores, etc).
- carnes procesadas, sucedáneos de tocino frito, «cortezas»
- caldos o sopas concentradas
- rellenos, rebozados,
- productos marinados
- salsas, aliños y aderezos
- almidón o harina para espesar
- sucedáneos de mariscos

¿Qué alimentos no contienen gluten?

Arroz, maíz, soja, patatas, tapioca, legumbres, sorgo, quinoa, mijo, alforfón, ararais, amaranto, harina de maca y harina de nueces y de frutos secos.

La dieta sin gluten debe basarse, fundamentalmente, en alimentos naturales que no contengan gluten: leche y derivados, carnes, pescados y mariscos frescos, congelados sin rebozar o en conserva en aceite, huevos, frutas, verduras, legumbres y los cereales permitidos, combinándolos entre si de forma variada y equilibrada.

El azúcar integral de caña y la miel, los aceites y mantequillas; el café en grano o molido, infusiones y refrescos; los vinos y bebidas espumosas; los frutos secos naturales y fritos (con o sin sal), la sal, vinagre de vino, especias en rama y grano y todas las especias naturales no preparadas, tampoco contienen gluten.

¿Cómo garantizar que un alimento no contiene gluten?

En el momento actual la legislación alimentaria europea exige que en la etiqueta de los alimentos se especifique la composición cuando pueda contener algún componente con gluten, independientemente de la cantidad en que esté presente. Sin embargo persisten dos problemas: la necesidad de conocer los nombres de todos los componentes cereales, adi-

Las medidas prácticas más seguras

■ No adquirir alimentos sin etiquetado o cuando existe alguna duda sobre si alguno de los componentes del alimento puede contener gluten.

■ Comer en restaurantes o establecimientos que puedan garantizar que las materias utilizadas no contienen gluten.

■ Consultar con frecuencia los listados de alimentos fabricados con garantía de ausencia de gluten que proveen las asociaciones de celiacos.

■ Comprar productos con certificado de calidad de alimentos sin gluten. La presencia en el etiquetado de los alimentos de alguno de los siguientes ingredientes debe de hacer sospechar que también pueden contener gluten:

- Cereales, harinas, fibra vegetal
- Proteínas y proteína vegetal, hidrolizado de proteína
- Malta, jarabe de malta, extracto de malta
- Sémola
- Amiláceos (derivados del almidón), almidones modificados, fécula, espesantes
- Levadura
- Especias
- Aromas (por los soportes)

tivos… que tienen gluten; y en segundo lugar, teniendo en cuenta que para garantizar el control de la enfermedad es necesaria una ausencia total del gluten, debe de garantizarse que unas materias primas no se han mezclado o contaminado con otras que contienen gluten. En este sentido, es importante destacar que es muy fácil la contaminación con gluten si se manipulan en el mismo espacio o con los mismos equipos, las materias primas para alimentos con gluten y sin gluten. De ahí la necesidad de que sean líneas de fabricación completamente independientes.

¿En qué otros productos puede existir gluten?

Los productos farmacéuticos utilizan gluten, harinas, almidones u otros derivados para la preparación de sus excipientes. En España, la normativa farmacéutica exige que las especialidades farmacéuticas de uso humano en las que se utilicen como excipientes gluten, harinas, almidones u otros derivados de los anteriores, que procedan de trigos, avena, cebada o centeno, deben indicar en su material de acondicionamiento y en el epígrafe «composición» su presencia y la cantidad.

En el intestino delgado

Cuando una persona con enfermedad celiaca ingiere alimentos que contienen las proteínas del gluten, su sistema inmunológico responde dañando el intestino delgado. Se destruyen las pequeñas proyecciones en forma de dedos que revisten el intestino delgado, llamadas vellosidades intestinales.

Normalmente, los nutrientes de los alimentos son absorbidos a través de estas vellosidades para ser llevados a la corriente sanguínea. Cuando estas vellosidades desaparecen, la persona absorbe mal los nutrientes y, por tanto, padecerá malnutrición, independientemente de la cantidad de alimento que se ingiera.

Gliadina

La gliadina parece ser la proteína que presenta el mayor problema en la enfermedad celiaca o intolerancia al gluten. Encontraremos los anticuerpos contra la gliadina en los complejos inmunes asociados con esta enfermedad.

Puesto que es el sistema inmunológico del propio cuerpo el que causa el daño, la enfermedad celiaca es considerada como un desorden autoinmune.

Sin embargo, también es clasificada como una enfermedad de mala absorción, ya que los nutrientes no son absorbidos. La enfermedad celiaca es una enfermedad genética, lo que significa que es transmitida dentro de una familia.

En algunos casos, la enfermedad es provocada o se vuelve activa por primera vez después de una intervención quirúrgica, del embarazo, del parto, de una infección viral o de un severo estrés emocional.

Preguntas frecuentes

Se sabe que la intolerancia al gluten comporta a las personas afectadas y no diagnosticados una multitud de síntomas patológicos que a menudo les complican mucho la vida.

¿Qué es la celiaquía o la intolerancia al gluten?

La celiaquía es una intolerancia permanente a la gliadina y a las proteínas llamadas prolaminas presentes en los cereales enumerados más adelante.

Las prolaminas son responsables, en personas genéticamente predispuestas, de profundas alteraciones de la mucosa intestinal. La mayoría de las pruebas reunidas en los últimos años apoyan la hipótesis de que la celiaquía es una consecuencia de una respuesta inmune anormal contra la gliadina y las correspondientes prolaminas tóxicas.

¿Dónde se encuentra el gluten?

El gluten está presente en estos cereales: trigo duro, trigo blando, farro, kamut, centeno , cebada, avena.

Es necesario que el intolerante lea con atención las etiquetas porque el gluten se puede encontrar en muchos productos alimentarios, tales como cremas, salsas, helados, bebidas, chocolates, embutidos e incluso en algunos fármacos. Algunos productos llevan el símbolo de la espiga cruzada que garantiza la ausencia de gluten.

¿A qué edad se puede descubrir la celiaquía?

¡A cualquier edad! Muchos todavía piensan que esta condición puede afectar solo a los niños.

Puesto que la celiaquía es una «respuesta anormal inmune al gluten», pueden aparecer a cualquier edad. Aparece en individuos genéticamente predispuestos, a los que un desencadenante (ambiental, tóxico, traumático, etc.) activa la condición inmune necesaria para vehicular tal patología.

Muchas personas vagan durante años con la esperanza de solucionar un malestar que no tiene remedio mediante la aplicación de numerosas terapias, y luego, tal vez por casualidad, descubren que son celíacos. Primero termina su deambular y después la eliminación del gluten, con el tiempo, cambian sus vidas.

En los últimos años, la enfermedad afecta a un número creciente de individuos, por lo que casi parece una epidemia.

Existen múltiples hipótesis relativas a las causas que están en la base de la expansión de este fenómeno, que en la actualidad es de «1 habitante por cada 100/150, con una relación mujer-hombre de 2 a 1».

¿Por qué la celiaquía se está extendiendo?

Algunas hipótesis...

Un ejemplo: El 70% del trigo duro producido en Italia es irradiado con neutrones rápidos, rayos gamma y rayos X con el fin de aumentar el tamaño del grano y potenciar su resistencia a la cocción.

En Italia, un ingeniero de ENEA ha revelado que durante la década de 1950 se practicaron estas manipulaciones sin el conocimiento del consumidor. Las autoridades sanitarias saben que el aumento de la alergia al gluten empezó a principios de la década de 1950.

¿Cuáles son los trastornos atribuibles a una posible celiaquía no diagnosticada?

Son los siguientes:

Anemia resistente al tratamiento con hierro, obesidad, alteración del esmalte dental, astenia a menudo asociada a baja presión arterial, diarrea, estreñimiento, pérdida de audición, distensión y dolor abdominal, tiroiditis, anorexia, náuseas, vómitos, osteoporosis, osteomalacia, calambres y crisis de tetania, edemas periféricos, trastornos neurológicos, neuropatía periférica, migrañas, esquizofrenia, demencia orgánica, epilepsia asociada a calcificaciones intracraneales occipitales, alteraciones dermatológicas, dermatitis herpetiforme, uñas y cabellos quebradizos, lesiones cutáneas, acné, aumento del colesterol, de los triglicéridos, etc.

En las mujeres: trastornos sexuales e infertilidad, menarquia tardía, menopausia temprana, amenorrea, abortos espontáneos recurrentes, partos prematuros.

En los hombres: impotencia, problemas de movilidad y de morfología de los espermatozoides. Además, muchos estudios muestran la correlación que existe entre la celiaquía no diagnosticada y enfermedades autoinmunes como la artritis reumatoide, la diabetes o la tiroiditis autoinmune.

¿Qué pruebas se pueden realizar para determinar el diagnóstico de la celiaquía?

Las pruebas aconsejadas por el protocolo son tanto análisis de sangre como biopsias. Las pruebas sanguíneas proporcionan la dosificación de:
• Antigliadina (AGA);
• Anciendomisio (EMA);
• Anticuerpos antitransglutaminasa (tTG).
Si las pruebas de anticuerpos resultan positivas, entonces se lleva a cabo una biopsia intestinal endoscópica mediante la que se extrae una muestra de mucosa. La celiaquía se diagnostica cuando se encuentra en el sujeto una morfología «plana» de las vellosidades intestinales.

¿Las pruebas de rutina para la detección de la celíaquía son siempre suficientes para un diagnóstico definitivo?

Por desgracia, no. Sucede, en ciertos casos, que pasan años antes de

alcanzar una verificación positiva de anticuerpos o una verificación por biopsia que confirme la evidencia de la celiaquía.

En apoyo al diagnóstico existe una prueba de sangre importante: la tipificación sérica de tejidos genómica HLA de primera clase (A-B-C) y de segunda clase (DR-DQ).

Este estudio confirma, en su segunda clase, la predisposición a través de la presencia de los haplotipos DQ2 y DQ8, específicos de la celiaquía.

Una vez obtenido el diagnóstico de la celiaquía, ¿qué hay que hacer?

Simple: ¡excluir el gluten de la dieta!

¿Cuáles son los cereales que pueden consumir los celíacos?

Son el arroz, el maíz, el mijo, la quinoa, el amaranto y el alforfón.

Es bueno recordar lo que recomienda el gastroenterólogo L.Greco: los productos especiales sin gluten, ofrecidos por las farmacias, tienen un

papel menor en la dieta del celíaco. (…) De hecho, es muy importante que no nos acostumbremos a vivir con «sustitutivos» (…) en vez de eso debemos desarrollar verdaderas alternativas alimentarias (…), comprar el placer de la alternativa a la pasta y el pan, y no vivir de «falso pan y falsa pasta».

En las tiendas de alimentación natural se puede encontrar una amplia gama de productos ecológicos sin gluten, que incluye: cereales integrales, cereales semicocidos, espesantes, pastas, dulces, aperitivos, edulcorantes, levadura, bebidas, helados, yogur, leche vegetal y nata vegetal.

Riquísimos desayunos sin gluten

Nutritivos y saludables para celíacos

La alimentación de los niños no siempre resulta tan fácil como podría parecer, pero si a ello unimos algún tipo de alergia o intolerancia su dificultad se multiplica. Aquí presentamos unos cuantos ejemplos de recetas que les encantarán como los batidos de frutas que son una delicia, y además, ¿qué os parece si le proponéis a vuestros hijos, celíacos –o intolerantes a la lactosa– un desayuno o merienda a base de crema de cacao? Y tanto para ellos, como para los más mayores tenemos también barritas de frutas, gachas y hasta un café de cereales con leche de soja y una madalena...

Crema de cacao casera sin gluten (y sin lactosa)

Para 4 personas

Tiempo de preparación:
15-20 minutos

INGREDIENTES:

1 taza de avellanas

¼ de taza de cacao en polvo

5 cucharadas de néctar de agave

1 cucharada de extracto de vainilla

1 cucharada de aceite de avellana (ver receta en página siguiente)

una pizca de sal marina

> Tueste las avellanas a 180 °C durante 8-10 minutos hasta que se oscurezcan un poco y su olor fragante sea evidente.

> Intentar frotar la piel de las avellanas contra un trapo de cocina, para eliminar la piel. En un procesador de alimentos, moler las avellanas durante unos 5 minutos.

> Añadir el cacao, el agave, la vainilla, el aceite y la sal, y batir hasta que estén bien mezclados, alrededor de un minuto.

> Conservar en un frasco de vidrio en el frigorífico. Llevar a temperatura ambiente antes de servir.

Aceite de avellanas

> Se muelen los dos ingredientes en una licuadora.

> En una sartén colocar la mezcla y al fuego que no sobrepase los 90 °C, durante una hora aproximadamente.

> Se retira y dispone en un colador con un papel absorbente o papel filtro y se deja de un día para otro para que los sólidos queden en el papel.

> Con esta misma preparación se puede obtener aceite de excelente calidad de nueces, cacahuetes, almendras, sésamo, amapolas etc.

INGREDIENTES:

1 litro de aceite de maíz

200 g de avellanas, limpias y tostadas

Café de achicoria con leche de soja y magdalena sin gluten

> Para hacer las magdalenas pon el horno a 180 °C. En un bol mezcla la harina con la levadura en polvo y el azúcar. Abrir la vaina de vainilla por la mitad y retirar la pulpa con un cuchillo.

> Añade a la masa la margarina de soja previamente fundida, la pulpa de vainilla y el huevo. Se ha de mezclar bien para amalgamar los ingredientes.

> Verter la pasta en moldes de magdalenas antiadherentes o en moldes de papel de magdalenas, llenando solo ¾ partes porque luego la masa subirá.

> Esparcir por encima las almendras y llevar al horno.

> Cocer durante unos 15 minutos o hasta que hayan crecido y estén doradas. Retirar del horno, esperar que se puedan tocar y desmoldarlas. Dejar enfriar antes de comer.

Para 10 magdalenas

Tiempo de preparación: 25 minutos, más 15 minutos de horneado

INGREDIENTES:

1 huevo bio

75 g de azúcar integral de caña

60 g de margarina de soja

75 g de harina de arroz

½ cucharada de levadura en polvo o de bicarbonato

½ vaina de vainilla

1 cucharada de almendras laminadas.

1 cucharada de café de achicoria (puede ser tipo instantáneo)

1 taza de agua

bebida de soja al gusto

Batido de frutos rojos

> Ponemos la leche en un cuenco; vertemos 125 ml (o ½ taza) de la leche de soja, dejando en remojo 15 minutos. Batir con las varillas cada 5 minutos para que no haga grumos.

> Poner el resto de los ingredientes en la batidora. Añadiremos la chía remojada con su líquido gelificado.

> Triturar 1 minuto, o hasta que quede homogéneo. Repartimos el batido entre cuatro vasos, adornándolo con unos frutos rojos.

Para 4 personas

Tiempo de preparación: 10 minutos, más tiempo de reposo

INGREDIENTES:

1 cucharada de semillas de chía (mejor blancas)

375 ml (1,5 tazas) de leche de soja

125 g (1 taza) de frutos rojos variados (pueden ser congelados; en este caso dejarlos a medio descongelar, y unos cuantos más para adornar

1 plátano (banana) maduro en rodajas

3 orejones de albaricoque, troceados

2 cucharadas de miel

jugo de limón al gusto

Notas del chef. El origen de esta receta es relativamente reciente, de la época de racionamientos que hubo en la Segunda Guerra Mundial. Cada familia recibía solo lo justo de mantequilla y el que pillaba huevos era casi un lord, así que, para disponer de un pastel para la hora del té, inventaron el crumble, que significa desmoronado.

Quinoa con leche de coco y mango

Para 4 personas

Preparación: 15 minutos, más 20 minutos de cocción y tiempo de reposo

INGREDIENTES:

300 ml de leche de coco

115 g de quinoa blanca, enjuagada

1 mango grande maduro

75 g de azúcar integral de caña

el jugo de 1 lima (o de 1 limón) grande

1 trozo muy pequeño de jengibre (unos 4 mm), troceado

100 g de arándanos

4 cucharadas de virutas de coco tostadas

4 cuñas de lima (o de limón), para adornar

> Ponga la leche de coco y la quinoa en un cazo y llévelo a ebullición a fuego medio. Cuando hierva, tápelo y cueza la quinoa a fuego lento de 15 a 20 minutos, o según las indicaciones del envase, hasta que absorba casi todo el líquido. Aparte el cazo del fuego pero déjelo tapado 10 minutos más para que la quinoa se hinche. Ahuéquela con un tenedor y déjela enfriar en un bol.

> Mientras tanto, pele el mango, quítele el hueso y trocéelo. Póngalo en el robot de cocina con el azúcar y el zumo de lima. Triture el jengibre con una prensa de ajos y añádalo al mango. Tritúrelo 30 segundos, hasta obtener un puré.

> Mezcle el puré de mango con la quino a enfriada y déjelo reposar 30 minutos. Repártalo entre cuatro cuencos y esparza losarán. danos y el coco por encima. Adórnelo con las cuñas de lima y sírvalo. Remojadas, las semillas de chía forman una gelatina que puede espesar sopas, guisos y rellenos de tartas de fruta y pasteles.

Barras de frutas y semillas

> Caliente el horno a 180°C. Cubra con papel de horno una placa cuadrada para hornear de unos 24 cm.

> Haga la leche condensada. Coloque en una licuadora todos los ingredientes y procese hasta que el azúcar se haya disuelto. Si quedó demasiado espesa para su gusto, puede corregir con unas gotas de agua y volver a procesar.

> En un bol, mezcle las semillas, las frutas secas, la granola y las especias

> En un bol resistente al calor, combine la leche condensada y la mantequilla. Cocine sobre baño maría hasta disolver la mantequilla, siga cocinando otros 15 minutos. Luego derrame sobre la mezcla de semillas y revuelva bien, hasta que todos los ingredientes se hayan integrado.

> Extienda la preparación con la ayuda de una espátula en la placa para horno con papel de horno. Hornee durante 20 minutos, hasta que esté dorado. Retire del fuego, deje enfriar y corte en barras.

Para 18 barras
Preparación: 15 minutos, más 20 minutos de cocción

INGREDIENTES:

100 g de semillas de girasol

100 g de semillas de sésamo

100 g de semillas de zapallo

100 g de arándanos deshidratados

100 g de frutillas deshidratadas

100 g de granola libre de gluten

2 cucharadas de azúcar negra

1 cucharadita de comino molido

1 cucharadita de canela molida

1 cucharadita de coriandro molido

150 g de manteca cortada en cubos

Para la leche condensada:

140 g de leche en polvo

80 ml de agua hirviendo

125 g de azúcar

40 g de mantequilla

Gachas de avena, quinoa y mijo

Para 4 personas
Preparación: 10 minutos, más 45 minutos de cocción

INGREDIENTES:

40 g de copos de avena sin gluten

40 g de copos de quinoa

40 g de mijo enjuagado

25 g (2 cucharadas) de mantequilla

850 ml de agua

1 pizca de sal

½ cucharadita de canela molida

¼ de cucharadita de esencia de vainilla

1 pizca de nuez moscada recién rallada

90 g de pasas

leche o nata (crema) y azúcar integral de caña, para servir

> Ponga la avena, la quinoa, el mijo y la mantequilla en una cazuela de base gruesa, preferiblemente antiadherente. Caliéntelo a fuego medio y remueva unos minutos, hasta que la mantequilla se derrita y los cereales huelan a tostado.

> Vierta el agua y añada la sal, la canela, la vainilla, la nuez moscada y las pasas.

> Llévelo a ebullición a fuego medio-lento, removiendo. Luego, cuézalo a fuego lento unos 35 minutos, removiendo a menudo, hasta que los cereales estén tiernos pero sin que el mijo se deshaga.

> Reparta las gachas entre cuatro cuencos. Añada un poco de leche, espolvoréelas con azúcar moreno al gusto y sírvalas enseguida.

Notas del chef. Esta receta es una bomba de nutrientes gracias a la quinoa, la avena y el mijo. Es muy rica en proteínas y sin gluten, e ideal para empezar el día con fuerzas.

Ensaladas, aperitivos y platos ligeros sin gluten

Tomemos por ejemplo, las croquetas. Estas croquetas sin gluten son muy sabrosas y fáciles de hacer, incluso es una típica receta en la que podemos hacer que los niños participen. A ellos les encantará jugar con la masa, preparar las bolitas de croquetas, rebozar con el pan rallado… Es una estupenda forma de iniciarlos en la cocina y el descubrimiento de los sabores.

Para rebozar las croquetas existe pan rallado sin gluten, pero si no lo encontráis en la tienda se pueden moler galletas saladas sin gluten, que son bastante fáciles de encontrar en los supermercados.

Para 4 personas
Tiempo de preparación:
15-20 minutos

Croquetas de atún sin gluten

INGREDIENTES:

300 g de atún

2 huevos bio

40 g de harina sin gluten (o mezcla de 20 g de almidón de maíz y 20 g de harina de arroz sin gluten). Es útil consultar los listados de las Asociaciones de Celiaquía

½ cucharadita de levadura en polvo sin gluten

40 g de queso rallado

aceitunas verdes sin hueso

3 cucharadas de pan rallado sin gluten (se puede hacer también procesando las galletas saladas sin gluten que se encuentran en cualquier supermercado)

10 hebras de cebollino

3 cucharadas de aceite de oliva virgen extra

> Mezclar la harina con la levadura en polvo.

> Desmenuzar con un tenedor el atún y cortar las aceitunas en pedacitos.

> Batir ligeramente los huevos en un bol y agregar el atún, las aceitunas, el queso y el cebollino cortado finito con la tijera. Salpimentar y mezclar la preparación con la harina sin gluten.

> Formar unas croquetas con la mano y la ayuda de una cuchara, y pasarlas por pan rallado. Cocinar en una sartén con aceite hasta que estén doradas, o en el horno en una placa ligeramente aceitada.

Ensalada de algas y aguacate

Para 2-3 personas
Tiempo de preparación:
15-20 minutos

INGREDIENTES:

2 aguacates maduros
(cortados a trozos
grandes y rociados
con unas gotas de
limón para evitar que
ennegrezcan)

escarola cortada a trozos

2-3 cucharadas de
aceitunas negras

2 tiras de alga wakame
(remojada 3-5 minutos y
cortada a trozos)

1 taza de alga dulse
(remojada 3-5 minutos y
cortada a trozos)

albahaca fresca o perejil.

Para el aliño:
1 cucharadita de pasta
de umeboshi

2 cucharadas de melaza

1 cucharadas de aceite
de sésamo tostado

1 cucharada de jugo
concentrado de
manzana (en dietéticas)

> Colocar todos los ingredientes en un bol grande para servir.

> Emulsionar bien los ingredientes del aliño. Verterlo al momento de servir la ensalada.

Crepes
de champiñones

> Mezcle bien en un cuenco la harina, los huevos, 1 cucharada de aceite y la leche. Déjelo reposar 10 minutos. Lave los champiñones y córtelos en láminas finas. Corte el jamón en dados.

> Caliente ½ cucharada de aceite en una sartén y eche una cuarta parte de la pasta de crepe. Distribuya la masa por toda la base de la sartén. Eche la cuarta parte del relleno así como 2 cucharadas de gouda.

> Deje cocer el crep tapado de 8 a 10 minutos, a fuego lento. Luego retírelo de la sartén y enróllelo.

> Prepare 3 crepes más del mismo modo con el resto de la pasta. Sírvalos calientes.

Para 4 unidades

Tiempo de preparación: unos 20 minutos, más 40 minutos de cocción

INGREDIENTES:

100 g de harina sin gluten

2 huevos bio

3 cucharadas de aceite de oliva virgen extra

250 ml de leche vegetal

12 champiñones

4 lonchas de jamón cocido

8 cucharadas de gouda recién rallado

Croquetas de tofu ahumado

> Saltear las cebollas con aceite y sal durante 12 minutos, sin tapa y a fuego medio. Añadir el mijo y rehogarlo con las cebollas durante 2-3 minutos.

> Añadir 3 partes de agua, laurel, sal y cocer a fuego mínimo con tapa, durante 20 minutos. Retirar el laurel y hacer puré.

> Añadir leche de arroz hasta conseguir la consistencia deseada (tipo puré de patata).

> Añadir el tofu ahumado y perejil crudo. Mezclar bien hasta conseguir una masa compacta y moldeable.

> Dejar enfriar unos minutos, hacer las croquetas y rebozarlas con fécula de maíz (maicena).

> Calentar aceite y freírlas hasta que se doren por los dos lados. Secarlas con papel absorbente y servirlas inmediatamente.

Para 2-3 personas
Tiempo de preparación: unos 45 minutos

INGREDIENTES:

½ bloque de tofu ahumado triturado

2 cebollas (a cuadritos)

1/3 de taza de mijo (lavado y escurrido)

laurel

sal marina

aceite de oliva,

leche de arroz

perejil crudo cortado fino

Ensalada de pollo y aguacate

> Ponga las pechugas en una tabla de cocina, sujetando el cuchillo de lado, en paralelo a la tabla, parta las pechugas por la mitad para obtener cuatro filetes.

> Coloque los filetes entre dos trozos de film transparente y golpéelos con el rodillo de cocina hasta que tengan 1 cm de grosor.

> Caliente el aceite en una sartén grande. Ase los filetes a fuego medio-fuerte 3 o 4 minutos por cada lado, hasta que se doren por fuera y dejen de estar rosados por dentro. Páselos a un plato caliente y salpiméntelos.

> Corte los filetes a lo largo en tiras de 2 cm de grosor.

> Reparta las hojas de ensalada entre dos platos y, por encima, el pollo y el aguacate. Esparza luego los piñones y granos de maíz y opcionalmente los brotes de quinoa.

> Para preparar el aliño, bata todos los ingredientes juntos hasta que queden emulsionados. Aliñe la ensalada y sírvala enseguida.

Para 2 personas

Preparación: 20 minutos, más 10 minutos de cocción

INGREDIENTES:

2 pechugas de pollo de 150 g, sin el hueso ni la piel

2 cucharadas de aceite de oliva virgen extra

100 g de lechugas sabrosas para ensalada (rúcula, escarola, berros…)

1 aguacate maduro, pelado, sin el hueso y en cuñas gruesas

25 g de piñones tostados y un puñadito de maíz en grano

2 cucharadas de brotes germinados de quinoa roja o blanca (pueden eliminarse, si no están disponibles)

sal y pimienta al gusto

Para el aliño:

2 cucharadas de zumo de lima o de limón.

6 cucharadas de aceite de avellana

sal y pimienta al gusto

Quinoa y maíz a la menta

Para 2 personas

Preparación: 15 minutos, más 20 minutos de cocción y tiempo de reposo

INGREDIENTES:

135 g de quinoa blanca, enjuagada

300 ml de agua

2 cucharadas de aceite de oliva

2-3 dientes de ajo picados

1 o 2 guindillas rojas o amarillas frescas, sin las semillas y bien picadas (opcional)

1 tomate grande pelado, sin las semillas y en daditos

2 cucharadas de maíz en grano (puede ser de conserva o bien descongelar si fuera necesario)

1 cucharada de hojas de menta

sal al gusto

hojas de lechuga crujientes, para servir

> Ponga la quinoa en un cazo con el agua. Llévela a ebullición, tápela y cuézala a fuego lento durante 15 minutos, o según las indicaciones del envase. Aparte el cazo del fuego, pero déjelo tapado unos 5 minutos más para que la quinoa se hinche. Ahuéquela con un tenedor y resérvela.

> Mientras tanto, caliente el aceite en una sartén grande y sofría el ajo y la guindilla a fuego medio, removiendo, 2 o 3 minutos, hasta que el ajo esté tierno. Añada el tomate y el maíz, caliéntelo hasta que borbotee y cuézalo 1 minuto más.

> Eche la quinoa y caliéntela a fuego lento. Rectifique de sal. Pique la menta y añádala también.

> Sírvalo sobre hojas de lechuga a modo de cuchara.

Tabulé de quinoa y nueces

> Ponga la quinoa en un cazo con el agua. Llévela a ebullición, tápela y cuézala a fuego lento 15 minutos, o según las indicaciones del envase. Aparte el cazo del fuego, pero déjelo tapado 5 minutos más para que la quinoa se hinche. Ahuéquela con un tenedor.

> Ponga la quinoa en un bol y mézclela bien con el calabacín, la cebolleta, la menta y el perejil.

> Mezcle los ingredientes del aliño y luego rocíe el tabulé. Remueva con suavidad.

> Reparta el tabulé entre dos platos y esparza las nueces por encima. Sírvalo a temperatura ambiente.

Para: 2 personas
Preparación: 20 minutos, 20 minutos de cocción más tiempo de reposo

INGREDIENTES:

100 g de quinoa blanca, enjuagada

250 ml de agua

1 calabacín rallado grueso

1 puñado de hojas de perejil picadas

2 cebolletas grandes en rodajitas

1 puñado de hojas de menta picadas, y 1 puñado de hojas de perejil picadas

8 medias nueces picadas

Para el aliño:

3 cucharadas de aceite de oliva virgen extra

1 cucharada de zumo de limón

1 cucharadita de mostaza de Dijon sin gluten

1 diente de ajo majado

pimienta al gusto

Dip de calabaza asada y pimientos rojos

> Caliente el horno a 200 °C. Pincele generosamente la calabaza con aceite de oliva, sal y pimienta. Hornee 40 minutos. Retire y deje enfriar.

> Mientras tanto coloque los pimientos en una asadera y ase en el grill del horno hasta que estén tiernos. Retire y reserve en un bol cubierto con film transparente. Deje enfriar y pele.

> Quite cuidadosamente la pulpa de la calabaza ayudándose con una cuchara. Coloque la pulpa en un bol grande. Puede hacerla puré con una batidora de brazo, o bien chafarla con el pasapurés.

> Fría los trozos de panceta en una sartén antiadherente. Cuando estén tostados y hayan tomado un buen color. añada al puré de calabaza.

> Incorpore el queso, los morrones, el ajo, el chutney, la mayonesa y el aceite de oliva al puré. Revuelva bien y sazone con sal y pimienta.

> Es mejor dejar que el dip descanse un par de horas a temperatura ambiente para que se integren plenamente los sabores antes de servir.

Para 6 raciones
Preparación:
20 minutos, más
50 minutos de cocción

INGREDIENTES:

600 g de calabaza sin semillas, cortada en mitades y luego en rodajas

100 g de semillas de calabaza

4 cucharadas de aceite de oliva virgen extra

panceta picada

200 g de queso tipo cheddar, rallado

350 g de pimientos morrones rojos, asados y picados

1 diente de ajo machacado

4 cucharadas de chutney de mango

2 cucharadas de mayonesa

sal y pimienta negra recién molida, al gusto

Notas del chef. Este dip (o «mojón») es mucho más que una salsa, ya que puede acompañar como guarnición o servir de relleno para un pollo. También va muy bien con embutidos y hasta como cobertura para pizzas.

Ensalada de mozzarella con brotes germinados

Para 2 personas
Preparación: 15 minutos

INGREDIENTES:

25 g de berros

200 g de queso mozzarella de búfala para vegetarianos, troceada

80 g de atún

6 rábanos en rodajitas

1 cucharada de semillas de calabaza

hojas verdes de ensalada (rúcula, lechuga, escarola...) y acelga

6 aceitunas, partidas por la mitad y sin hueso

½ cucharada de vinagre de vino blanco

1 y ½ cucharadas de aceite de oliva virgen extra

sal marina y pimienta al gusto.

3 cucharadas de brotes germinados de quinoa y 1 cucharada de brotes de alfalfa (opcional)

> Repartimos los berros y las hojas verdes en dos platos y la mozzarella por encima. Añadir los germinados de quinoa (y los de alfalfa, si los habéis elegido también).

> Esparcimos los rábanos las pipas de calabaza y las aceitunas.

> Sazonamos la ensalada con sal marina y pimienta.

> Aliñar con el vinagre y el aceite. Servir enseguida.

Arroces, cereales y legumbres

Recetas nutritivas y saludables para celíacos

Sopa de alubias negras y calabaza

> Para preparar la salsa, mezcle la nata con el cilantro y salpimiéntela. Resérvela en el frigorífico.

> Caliente el aceite en una cazuela y rehogue la cebolla 5 minutos a fuego medio.

> Eche el orégano y salpimiente. Siga rehogando 2 minutos más. Añada la calabaza. Tápelo y cuézalo 5 minutos.

> Añada el tomate, las alubias, la quinoa y el caldo. Llévelo a ebullición, baje el fuego, tape la cazuela y cueza la sopa 25 minutos, o hasta que la quinoa se haya hinchado.

> Eche el maíz y prosiga con la cocción 5 minutos más.

> Eche en la sopa un buen chorro de zumo de lima. Rectifique la sazón.

> Reparta la sopa entre seis cuencos y ponga en cada uno una cucharada de salsa cremosa de cilantro.

Para 6 personas
Preparación:
20 minutos, más
45 minutos de cocción

INGREDIENTES:

2 cucharadas de aceite vegetal

1 cebolla roja en daditos

1 cucharadita de orégano

225 g de calabaza, en dados

400 g de tomate troceado (puede ser de conserva)

400 g de alubias negras cocidas, escurridas y enjuagadas

90 g de quinoa negra, enjuagada

600 ml de caldo de verduras sin gluten

125 g de granos de maíz

zumo de lima o de limón

sal y pimienta, al gusto

Para la salsa cremosa de cilantro

175 ml de nata (o crema agria)

6 cucharadas de cilantro picado

sal y pimienta al gusto

Notas del chef. Esta sopa de estilo mexicano es rica en sabores fuertes; la salsa de cilantro pone el contrapunto a los tonos oscuros de las alubias y la quinoa. Sírvala con unas tortillas de maíz sin gluten y obtendrá un estupendo plato único.

Arroz con nueces y verduras

Para 3-4 personas

Elaboración: unos 40 minutos

INGREDIENTES:

120 g de arroz salvaje y arroz largo mezclados

80 g de nueces de California

100 g salmón ahumado

una pizca de sal y una pizca de pimienta

25 g de arándanos secos (o pasas de corinto)

100 ml caldo de verduras

2 cucharadas de vinagre de vino

2 cucharadas de aceite de oliva

½ pepino

la piel y el zumo de una lima

1 ramillete de eneldo (o planta aromática preferida)

> Cocer el arroz en agua con sal y escurrir una vez hecho. Mezclar el caldo de verduras con el vinagre y el aceite, y posteriormente con el

> arroz. Aderezar con sal y pimienta al gusto y dejar enfriar.

Lavar el pepino y cortar por la mitad longitudinalmente. Retirar el centro y hacer dados. Trocear las nueces y freír en una sartén. Cortar el salmón en dados y golpear el cangrejo hasta que esté seco.

Mezclar con el zumo de lima y su piel. Añadir el pepino, el salmón y el cangrejo. Lavar el eneldo, secar y trocear. Finalmente mezclar en la ensalada con los arándanos o las pasas.

Rissoto de amaranto, puerros y albahaca

> Cortamos los puerros, los lavamos muy bien y los salteamos en el aceite de oliva. Añadimos el amaranto previamente lavado y escurrido, salpimentamos, removemos y continuamos agregando el caldo vegetal poco a poco moviendo constantemente hasta que los granos de amaranto estén tiernos.

> Al final añadimos el queso y mezclamos.

> Antes de servir agregamos las hojas de albahaca cortadas por encima y unas láminas de queso duro vegano cortado a láminas.

Para 4 raciones
Tiempo elaboración: 20 minutos

INGREDIENTES:

4 puerros
2 cucharadas de aceite de oliva virgen
350 g de amaranto
1 litro de caldo vegetal
50 g de queso tipo parmesano vegano
sal y pimienta
5 hojas de albahaca fresca

«Burritos» de alubias negras

> Ponga la quinoa en un cazo con el agua. Lléve-la a ebullición, tápela y cuézala a fuego lento 15 minutos, o según las indicaciones del enva-se. Aparte el cazo del fuego, pero déjelo tapa-do 5 minutos más para que la quinoa se hinche. Ahuéquela con un tenedor y resérvela.

> Caliente el aceite en una sartén. Rehogue la mitad de la cebolla, la mitad de la guindilla y el pimiento hasta que estén tiernos. Añada las alubias, la quinoa cocida y la mitad del zumo de lima y del cilantro.
Cuézalo unos minutos y salpimiente.

> Parta los tomates por la mitad, saque las semi-llas y échalas en las alubias. Córtelos en dadi-tos y póngalos en un bol con el resto del cilan-tro, de la cebolla, de la guindilla y del zumo de lima. Sálelo y remueva.

> Ponga 5 cucharadas de las alubias en cada tor-tilla. Reparta luego la ensalada de tomate, el queso y la lechuga.

> Doble las tortillas por encima del relleno, enró-llelas y sirva los burritos enseguida.

Para 8 unidades
Preparación: cocción:
20 minutos, 30 minutos
más reposo

INGREDIENTES:

60 g de quinoa roja, bien lavada y enjuagada

150 ml de agua

2 cucharadas de aceite vegetal

1 cebolla roja en dados

1 guindilla verde, sin las semillas, cortada a daditos

1 pimiento rojo pequeño, sin las semillas y en daditos

400 g de alubias negras cocidas, escurridas y enjuagadas

el zumo de 1 lima o 1 limón

4 cucharadas de cilantro picado

2 tomates

8 «tortillas» de harina sin gluten, calientes

125 g de queso cheddar para vegetarianos, rallado

85 g de lechuga tipo romana, cortada a juliana

sal y pimienta al gusto

Sopa de lentejas, cilantro y lima

Para 4 personas

Tempo de preparación: 20 minutos, más 35-40 minutos de cocción

INGREDIENTES:

4 cucharadas de aceite de oliva virgen extra

1 zanahoria mediana picada fino

2 tallos de apio picados fino

1 cebolla grande picada fino

2 dientes de ajo picados fino

50 g de lentejas coloradas

2 cucharadas de puré de tomate

700 ml de agua hirviendo

10 g de caldo deshidratado de verduras

100 g de lentejas verdes

sal y pimienta negra recién molida

el jugo de 2 limas grandes

3 cucharadas de hojas de cilantro picadas y 100 g de yogur natural, para servir

aceite de oliva virgen extra para decorar

> Caliente el aceite en una cacerola, añada la zanahoria, el apio, la cebolla y el ajo. Cocine 5 minutos.

> Luego sume las lentejas, el puré de tomate, el agua hirviendo y el caldo deshidratado. Lleve a hervor. Baje el fuego y cocine hasta que las lentejas y los vegetales estén hechos, más o menos 30 minutos.

> Mientras tanto coloque las lentejas verdes en otra sartén y cubra con agua fría. Haga hervir y siga cocinando hasta que estén tiernas. pero no deshechas. Cuele y enjuague con un chorro de agua fría.

> Cuando la sopa esté hecha, deje que se enfríe un poco y pásela a una licuadora. Procese hasta obtener un puré homogéneo. Luego vuelva a la cacerola. Si el puré está muy espeso. agregue un poco de agua hirviendo. Verifique los condimentos, vierta el jugo de lima y revuelva bien.

> Para servir, coloque las lentejas verdes en 4 tazones. Cubra con la sopa caliente, un poco de cilantro fresco y una cucharada de yogur. incorporada a último momento. Puede decorar con unas gotas de aceite de oliva.

Arroz con lentejas y cebolla frita al curry

> Cortar la cebolla en juliana, salarla ligeramente y ponerla a escurrir en un colador para que pierda agua.

> Si se quiere acompañar con la salsa de yogur, prepararla mezclando el mismo con una cucharada de menta picada, el calabacín picado lo más pequeño posible, el zumo de medio limón, sal, pimienta y un chorro de aceite. Batir bien y reservar en la nevera.

> Poner las lentejas en una cazuela con 1,2 litros de agua fría y un poco de sal. Cocer a fuego medio-suave media hora aproximadamente a partir del hervor, añadiendo algo más de agua si se quedan secas.

> En otra cazuela grande, poner a tostar las semillas de comino a fuego medio hasta que empiecen a soltar su aroma. Añadir un chorro de aceite de oliva, la canela, la cúrcuma y el arroz. Remover bien para que el arroz quede recubierto por la grasa (si se ve seco, añadir más aceite).

> Dejar un minuto y añadir las lentejas con su líquido de cocción, más 400 ml más de agua. Salpimentar y tapar cuando empiece a hervir. Dejar a fuego suave unos 20 minutos, vigilando que no se quede seco y añadiendo un poco de agua si es necesario.

> Retirar del fuego y dejar cubierto con un paño unos 10 minutos más.

> Mientras el arroz se hace, poner aceite de oliva abundante a calentar a fuego medio-fuerte en una cazuela o sartén. Escurrir bien la cebolla, estrujándola un poco contra el colador. Preparar un plato con papel de cocina. Freírla en el aceite, removiendo de vez en cuando.

> Cuando esté bien dorada, sacarla con una espumadera y dejarla sobre el plato con papel de cocina para que pierda el exceso de grasa.

> Mezclar la mitad de la cebolla con el arroz y las lentejas, y el resto ponerlo por encima en los platos o la fuente en que se vaya a servir.

> Acompañar, si se quiere, con la salsa de yogur a un lado, decorada con el resto de la menta. También se puede servir con ensalada.

Para 4 personas

INGREDIENTES:

200 g de arroz basmati o de grano largo

200 g de lentejas

2 cebollas

1 cucharada rasa de comino en grano

1 cucharadita rasa de cúrcuma

1 cucharadita rasa de canela

aceite de oliva virgen extra

sal y pimienta

½ calabacín pequeño

2 yogures griegos (opcional)

2 cucharadas de menta picada y 1 limón (opcional)

Paella de arroz vegana

Para 4 personas

Tiempo preparación:
5 minutos, más 40
minutos de cocción

INGREDIENTES:

4 dientes de ajo

½ cebolla, 2 tomates

½ pimiento rojo,
½ pimiento verde

120 g de corazones de
alcachofas

75 g de judías verdes

65 g de guisantes
(pueden ser congelados)

240 g de arroz basmati

1 litro de caldo de
verduras

2 cucharaditas de
cúrcuma

1 cucharadita de
pimentón dulce

2 cucharadas de aceite
de oliva virgen extra

sal y pimienta negra al
gusto (opcional)

> Poner el aceite en la paella y cuando esté caliente añadir los ajos, la cebolla, el pimiento rojo y el pimiento verde, todos ellos troceados. Cocinar a fuego medio hasta que se doren.

> Poner los tomates y cocinar durante unos 5 o 10 minutos. Añadir los corazones de alcachofas, las judías verdes y los guisantes y cocinar unos 5 minutos más.

> Poner el arroz y dejarlo hasta que los bordes empiecen a trasparentar. Añadir el caldo (que ha de estar caliente), la cúrcuma y el pimentón. Salpimentar al gusto.

> Cocinar a fuego medio o medio alto unos 15 o 20 minutos. Si necesita más caldo, añadir más. Lo ideal es dejar reposar la paella tapada antes de comer, al menos de 5 a 10 minutos.

Arroz mexicano con tomate y frijoles negros

> Poner 1 cucharada de aceite vegetal en una olla mediana. Sofreír un diente de ajo y un pedazo de cebolla larga. Añadir el arroz y revuélvalo hasta que los granos queden bien cubiertos.

> Agregar 1 y ½ tazas de agua, a la cual le ha disuelto previamente 1 cucharadita de sal. Dejar hervir y cuando el arroz se esté secando tapar y cocinar durante 20 minutos, hasta que el arroz se haya abierto.

> Mientras tanto, colar los tomates, reservar el líquido que han soltado y cortarlos en cubos. Verter el jugo en una taza de medidas y completar con agua hasta llenar una taza.

> Calentar en una sartén y sofría en un poco de aceite un ajo y el jalapeño durante 1 minuto.

> Agregar las judías, la sal, el comino, el chile en polvo y revuelva. Sofreír durante un minuto. Agregue el jugo que soltó el tomate. Dejar hervir hasta que las judías hayan absorbido la mayoría del líquido, de 5 a 7 minutos.

> Añadir los tomates, el orégano, el cilantro y el arroz ya cocinado. Remover ocasionalmente y servir bien caliente.

Para 6 personas

INGREDIENTES:

1 taza de arroz

1 cebolla larga

1 diente de ajo

1 cucharada de aceite vegetal

1 bote de tomates pelados

2 cucharadas de aceite de oliva virgen extra

1 chile jalapeño o similar, sin semillas y picado

judías negras (frijoles), cocidas

2 cucharadas de sal marina

2 cucharaditas de comino molido

1 cucharadita de chile en polvo

¼ de taza de orégano fresco picado

¼ de taza de cilantro picado finamente

Panes sin gluten

Existen diversas técnicas para la elaboración de panes y repostería sin gluten. Requieren un poco de aprendizaje (dificultad media), pero con un poco de práctica veréis que se pueden obtener bizcochos deliciosos, pasta quebrada, hojaldres… y, sobre todo, barras de pan sin gluten que gustarán ¡a toda la familia!

Pan especial sin gluten

Para 1 pan

Tiempo de preparación:
5 minutos, más
90 minutos de reposo y
45 minutos de horneado

Todos los ingredientes a temperatura ambiente

INGREDIENTES:

500 g de preparado para pan sin gluten (a base de harina de arroz, de trigo sarraceno, de fécula de maíz, etc.)*

400 ml de agua (según las modalidades del fabricante)

20 g de levadura de quinoa sin gluten*

* en tiendas de productos ecológicos.

> Mezclar los ingredientes añadiendo el agua poco a poco, luego amasar el conjunto durante más o menos un 1 minuto. Darle forma de barra (ver recuadro) y espolvorearla generosamente con harina sin gluten.

> Dejar que suba en un molde de bizcocho rectangular tapado con un trapo durante 1 y ½ horas, a una temperatura de entre 22 y 26 °C y protegido de las corrientes de aire.

> Precalentar el horno a 180 °C, calor tradicional, y cocer el pan en el molde durante unos 45 minutos. Sacarlo del horno, desmoldarlo y dejarlo enfriar sobre una rejilla.

Notas del chef. Las preparaciones para pan sin gluten incorporan la mayor parte de las veces la proporción exacta de sal, así como goma guar, fundamental para garantizar la cohesión de la masa cuando no tiene gluten.

Para dar forma a las barras

1. Amasar la masa de pan 1 minuto con mucho cuidado. Aplastarla con la palma de las manos.

2. Estirarla hasta formar un rectángulo. Doblar ese rectángulo por la mitad longitudinalmente.

3. Sellar los dos extremos presionando uno contra otro con los dedos. Apretar ese rectángulo para agrandarlo y estirarlo.

4. Volver a doblarlo por la mitad longitudinalmente.

5. Sellar bien los extremos apretándolos uno contra otro con los dedos.

6. Enrollar un poco la masa de pan bajo la palma de las manos para que adquiera una forma cilíndrica regular.

Pan de amaranto y maíz con guindilla

Para: 1 pan

Preparación:
20 minutos, más
55 minutos y tiempo de
enfriado

INGREDIENTES:

2-3 guindillas rojas
frescas, o al gusto

90 g de harina de
amaranto

100 g de una mezcla
de harinas blancas sin
gluten

115 g de harina de maíz

1 cucharada de levadura
en polvo sin gluten

1 cucharadita de
bicarbonato sin gluten

1 y ½ cucharaditas de sal

50 g de azúcar

125 g de queso cheddar
para vegetarianos,
rallado

3 huevos

225 ml de suero de
mantequilla

> Precaliente el horno a 200 °C. Precaliente tam-
bién el gratinador. Unte con mantequilla un
molde rectangular para pan de 23 cm de lado.

> Ase las guindillas bajo el gratinador, dándoles
varias vueltas, de 5 a 7 minutos, hasta que se
chamusquen de modo uniforme. Pélelas, quí-
teles las semillas y píquelas bien.

> Tamice en un bol las harinas con la levadura,
el bicarbonato y la sal. Incorpore el azúcar y el
queso.

> Bata los huevos con el suero y la mantequilla
hasta obtener una crema.

> Haga un hoyo en el centro de la harina y vierta
la crema de huevo. Mézclelo con un tenedor,
incorporando la harina de los lados, hasta obtener una pasta. 70 g (5 cucharadas) de mantequilla derretida, tibia, y para untar 60 g de
granos de maíz (pueden ser de conserva)

> Incorpore la guindilla y el maíz. Pase la pasta al
molde y alísela con una espátula. Cueza el pan
en el horno precalentado de 40 a 45 minutos,
hasta que, al pincharlo en el centro con un pa-
lillo, salga limpio.

> Déjelo reposar 10 minutos y, después, desmól-
delo en una rejilla metálica y déjelo enfriar del
todo.

Panecillos de pasas

Para 10 unidades

Tiempo de preparación: unos 20 minutos, más 25 minutos de cocción

INGREDIENTES:

250 g de harina sin gluten

1 cucharadita de crémor

1 pizca de sal

6 cucharadas de azúcar

1 cucharadita de ralladura de limón ecológico

150 g de quark desnatado

6 cucharadas de leche

1 huevo bio pequeño

6 cucharadas de aceite vegetal

50 g de pasas

1 yema de huevo bio, para pintar

> Mezcle bien en un cuenco la harina, el crémor, la sal, el azúcar y la ralladura de limón. En otro cuenco mezcle el quark, la leche, el huevo y el aceite y, poco a poco, vaya incorporándolo a la harina, trabajándolo con las manos o con la batidora de varillas hasta obtener una masa elástica. Al final añada las pasas. Si quedara pegajosa, agréguele un poco más de harina.

> Precaliente el horno a 200 °C y coloque dentro un cuenco refractario con agua. Después, divida la masa en 10 porciones del mismo tamaño y, con las manos húmedas, deles forma de panecillo redondo. Colóquelos en la bandeja del horno forrada con papel vegetal. Con un cuchillo afilado, haga unos cortes en cruz en la masa. Si fuera necesario presione las pasas en la masa para que no se desprendan. Bata la yema de huevo y pinte con ella los panecillos.

> Cueza los panecillos en el horno, a media altura, 25 minutos. Después, déjelos enfriar sobre una rejilla.

Pan sin gluten

> Prepara la masa con todos los ingredientes*, y recuerda que debes incorporar la levadura cuando falten pocos minutos para acabar el amasado. Deja reposar la masa durante 30 minutos tapada con un paño húmedo.

> Divide la masa en dos piezas de 450 gramos cada una. Forma dos barras sin puntas y ponlas dentro de dos moldes de aluminio untados con un poco de aceite de oliva. También puedes utilizar moldes de silicona.

> Deja fermentar los moldes cubiertos de un paño húmedo en el lugar más cálido de la cocina durante 60 minutos.

> Precalienta el horno a 250 °C, generando vapor con una olla llena de paños mojados.

> Moja los moldes con el pulverizador de agua por los lados y por arriba e introdúcelos en el horno. Baja la temperatura del horno a 190 °C y cuece los panes durante 35 minutos.

> Cuando estén cocidas, saca las piezas del molde y ponlas sobre una rejilla para que se enfríen correctamente.

(receta de Xavier Barriga)

Tiempo de reposo: 30 minutos.
Fermentación: 60 minutos.
Cocción: 35 minutos para 2 panes de molde

INGREDIENTES:

500 g de harina panificable sin gluten

75 ml de aceite de oliva

50 g de leche en polvo

90 g de almidón de maíz (maicena)

10 g de sal

400 ml de agua, aproximadamente

15 g de levadura fresca

Notas del chef. Con una masa un poco más dura, es decir, con menos agua, puedes hacer piezas con otras formas, como barritas o panecillos. Si no consumes una gran cantidad de este pan, el de molde es el más indicado, pues se conserva mejor, sobre todo cortado en rebanadas y dentro de la nevera en una bolsa de papel.
Si queréis preparar la masa paso a paso y con todo detalle, aconsejamos el libro «Pan» (ver pág. 157).

Pan de maíz y pimiento

**Para 1 pan
(de unos 500 g)**

Tiempo de preparación:
unos 25 minutos, más
30-35 minutos de
cocción

INGREDIENTES:

1 pimiento rojo

175 g de sémola de maíz

175 g de harina sin
gluten

1 sobrecito de levadura
seca de panadería

1 cucharadita de sal

1 cucharada de azúcar

250 ml de leche de soja

2 huevos bio

3 cucharadas de aceite
vegetal

mantequilla, para
engrasar

> Parta el pimiento por la mitad y retire las semi-
llas y la membrana blanca. Lávelo y córtelo en
daditos. Precaliente el horno a 200 °C y engrase
un molde de pan, redondo o cuadrado. Meta
en el horno un cuenco refractario con agua.

> Ponga en un cuenco la sémola, la harina, la
levadura, la sal y el azúcar. En otro recipiente
bata la leche y los huevos, y a continuación
incorpore el aceite. Trabájelo con la batidora
de varillas y, poco a poco, vaya incorporándolo
a la mezcla de harina hasta obtener una masa
homogénea.

> Eche la masa en el molde y alísela. Meta el pan
en el horno y cuézalo, a media altura, de 30 a
35 minutos. Deje que se enfríe 10 minutos, luego desmóldelo y déjelo enfriar por completo.

Pan de plátano y avellana

> Pele los plátanos y cháfelos con un tenedor. Derrita la mantequilla en una sartén y rehogue el plátano un instante. Déjelo enfriar.

> Separe los huevos en yemas y claras. Ponga la miel y las yemas en un cuenco y trabájelo con la batidora de varillas hasta que quede cremoso. Incorpore la leche y el plátano y mézclelo bien. En otro recipiente mezcle la harina, la levadura, la sal y la avellana, y vaya incorporándolo poco a poco a la otra masa. Engrase un molde rectangular.

> Bata las claras a punto de nieve e incorpórelas también. Pase la masa al molde y alísela. Precaliente el horno a 180 °C y meta un cuenco refractario con agua.

> Cueza el pan en la parte inferior del horno 1 hora. Después déjelo enfriar 10 minutos. Desmóldelo y déjelo enfriar por completo.

**Para 1 pan
(de unos 500 g)**

**Tiempo de preparación:
unos 25 minutos, más 1
hora de cocción**

INGREDIENTES:

3 plátanos

30 g de mantequilla

120 g de miel fluida

2 huevos bio

3 cucharadas de leche

250 g de harina sin gluten

1 cucharadita de levadura

1 pizca de sal

100 g de avellana molida

mantequilla, para engrasar

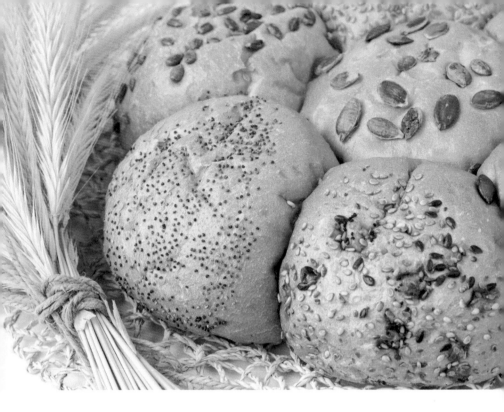

Panecillos de amapola y sésamo

Para 12 unidades

Tiempo de preparación: unos 20 minutos, más 10 minutos de remojo, 30 minutos de reposo y 30 minutos de cocción

INGREDIENTES:

1 cucharada de cáscara de plantago ovata molida

500 g de harina sin gluten

1 sobrecito de levadura seca de panadería

> Cubra el plantago con 400 ml de agua templada y déjelo reposar 10 minutos.

> Mezcle en un cuenco la harina con la levadura, el azúcar y la sal. Añada la mantequilla, el vinagre y el plantago junto con el agua del remojo.

> Trabájelo hasta obtener una masa elástica. Si quedara pegajosa, agréguele un poco más de harina.

> Divida la masa en 12 porciones y, con las manos húmedas, deles forma de panecillo redondo. Colóquelos en la bandeja del horno forrada con papel vegetal.

Esparza unas semillas de amapola sobre la mitad de los panecillos y de sésamo en la otra mitad. Cúbralos con un paño seco y déjelos reposar 30 minutos en un lugar cálido.

> Precaliente el horno a 225 °C y coloque dentro un cuenco refractario con agua. Cueza los panecillos a media altura durante unos 30 minutos. A continuación, déjelos enfriar sobre una rejilla.

1 cucharadita de azúcar

1 y ½ cucharaditas de sal

30 g de mantequilla

1 cucharada de vinagre de manzana

semillas de amapola y sésamo, para esparcir

Panecillos de queso

> Mezcle bien en un cuenco la harina con el crémor y la sal. En otro cuenco mezcle, removiendo, el quark con la leche, el huevo y el aceite e incorpórelo poco a poco a la harina. Trabájelo hasta obtener una masa elástica. Si quedara pegajosa, agréguele un poco más de harina.

> Precaliente el horno a 200 °C y coloque dentro un cuenco refractario con agua. Divida la masa en 10 porciones y, con las manos húmedas, deles forma de panecillo redondo.

> Colóquelos en la bandeja del horno forrada con papel vegetal. Con un cuchillo afilado haga en la masa unos cortes en cruz. Esparza por encima las pipas y apriételas un poco para que no se caigan.

> Cueza los panecillos en el horno, a media altura, 25 minutos. Después, déjelos enfriar sobre una rejilla.

Para 10 unidades

Tiempo de preparación: unos 20 minutos, más 25 minutos de cocción

INGREDIENTES:

250 g de harina sin gluten

2 cucharaditas de crémor

½ cucharadita de sal

150 g de quark desnatado

6 cucharadas de leche

1 huevo pequeño

6 cucharadas de aceite vegetal

pipas de girasol, para adornar

Pan de manzana y canela

> Mezcle en un cuenco la harina, el amaranto, el coco, las pasas, la levadura, la sal, la canela y el crémor. En otro recipiente mezcle el aceite, el huevo, la miel y 340 ml de agua templada, incorpórelo poco a poco a la mezcla de harina y forme una masa homogénea. Pele las manzanas, retíreles el corazón, rállelas y añádalas a la masa.

> Engrase un molde rectangular, eche la masa y aplánela bien. Precaliente el horno un instante a 50 °C, luego apáguelo. Meta el molde y déjelo reposar de 30 a 40 minutos con una rejilla encima cubierta con un paño de cocina húmedo.

> Saque la bandeja y la rejilla del horno y precaliéntelo a 230 °C. Introduzca en el horno un cuenco refractario con agua.

> Cueza el pan, a media altura, 10 minutos. Luego baje la temperatura del horno a 200 °C. Prosiga con la cocción de 40 a 45 minutos más. Unos 10 minutos antes de finalizar, pinte el pan con la mantequilla.

> Déjelo enfriar en el molde sobre una rejilla.

Para 1 pan (de unos 700 g)

Tiempo de preparación: unos 25 minutos, más 30-40 minutos de reposo y 50-55 minutos de cocción

INGREDIENTES:

420 g de harina sin gluten

100 g de amaranto molido

3 cucharadas de coco rallado

50 g de pasas

1 sobrecito de levadura seca de panadería

1 cucharadita de sal

1 cucharadita de canela molida

2 cucharaditas de crémor

50 ml de aceite vegetal

1 huevo bio

2 cucharadas de miel fluida

250 g de manzanas

2 cucharadas de mantequilla derretida, para pintar

mantequilla, para engrasar

Magdalenas de quinoa con chocolate

Para 12 unidades

Preparación:
25 minutos, más
20 minutos de cocción y
tiempo de enfriado

INGREDIENTES:

250 g de harina de quinoa

2 cucharadas de cacao en polvo sin gluten

2 cucharaditas de levadura en polvo sin gluten

¾ de cucharadita de bicarbonato sin gluten

½ cucharadita de sal

125 g de mantequilla sin sal a temperatura ambiente

125 g de azúcar

2 huevos bio un poco batidos

1 cucharadita de esencia de vainilla

la ralladura fina de 1 naranja grande bio (limpia, sin ceras)

225 ml/1 taza de leche

125 g de arándanos rojos deshidratados

50 g de nueces de macadamia troceadas

> Precaliente el horno a 200 °C. Coloque 12 moldes de papel en un molde múltiple para magdalenas

> Tamice en un bol la harina, el cacao, la levadura, el bicarbonato y la sal. Añada el salvado que quede en el tamiz, mezclando suavemente con los dedos.

> Bata la mantequilla con el azúcar en un bol unos 4 minutos, o hasta obtener una crema ligera y esponjosa. Incorpore poco a poco el huevo batido, la vainilla y la ralladura de naranja. Sin dejar de batir y en tandas, añada la leche y la harina tamizada. Incorpore los arándanos y las nueces.

> Reparta la pasta entre los moldes. Cueza las magdalenas en el horno precalentado de 15 a 20 minutos, o hasta que suban y, al pincharlas con un palillo, salga limpio.

> Deje enfriar las magdalenas en una rejilla metálica.

Notas del chef. Para potenciar el sabor, añadir a la pasta unas pepitas de chocolate. Si prefiere una versión más sofisticada, untar las magdalenas con cobertura de queso cremoso o de chocolate negro.

Notas del chef. Han de quedar como unos panqueques de un dedo de grosor pero con un interior jugoso y blandito, por eso es importante no pasarse de cocción, se endurecen.

Pan de tapioca y tofu a las finas hierbas

> Mezclar las semillas de lino molidas con las 3 cucharadas de agua hasta que quede una crema gelatinosa.

> Verter el aceite junto con la bebida de soja en una sartén profunda y ponerlos a calentar. Cuando alcance el hervor retirar del fuego y añadir la harina de tapioca y el preparado de semillas de lino.

> Mezclar e incorporar el tofu previamente triturado con la pimienta; volver a integrar.

Para 6 raciones
Tiempo elaboración: 20-30 minutos

INGREDIENTES:

1 cucharada de semillas de lino, molidas

3 cucharadas de agua

80 ml de aceite de oliva

250 ml de bebida de soja

500 g de harina de tapioca

185 g de tofu a las finas hierbas

pimienta molida, sal

Panecillos de arroz y sarraceno

> En un bol mezclar la levadura con una cuarta parte del agua tibia y la miel y dejar reposar unos 10 minutos.

> Machacar el trigo sarraceno en un mortero con la mitad de las semillas elegidas o molerlas en un molinillo (de los de café).

> Mezclar en un bol la harina de arroz, el sarraceno, las semillas de girasol, la sal y la mezcla húmeda.

> Integrar todo, amasar bien y dejar descansar 1 hora en un lugar tibio.

> Pasado ese tiempo tomar trozos de masa para hacer pequeños bollos. Rodar los bollos por las semillas de amapola y dejar descansar media hora más cubriendo con un paño húmedo.

> Calentar el horno a 190 °C. Colocar los panecillos en una placa aceitada y cocerlos durante unos 25 minutos. Retirar y dejar enfriar.

Para 8 panecilllos
Tiempo elaboración: 45 minutos

INGREDIENTES:

1 sobrecito de levadura de quinoa seca* bio (apta para panificar)

300 ml de agua tibia

1 cucharadita de miel

100 g de trigo sarraceno

200 g de harina de arroz

50 g de semillas de sésamo o girasol

2 cucharaditas de sal

1 cucharada de semillas de amapola

Nuestro consejo. Procurar una masa más bien húmeda antes de rodar las piezas por las semillas de amapola. Si hiciera falta pulverizar la masa con un poco de agua cuando se amase.

Primeros platos, platos principales, platos combinados...

Recetas muy sabrosas sin gluten

Tallarines con salsa de berenjenas

> En una sartén grande, caliente el aceite a fuego alto. Añada la guindilla, el ajo, la cebolla y el pimiento, y fría, moviendo, durante 3 a 4 minutos o hasta que la cebolla empiece a estar dorada.

> Incorpore la berenjena y continúe salteando durante 3 a 4 minutos.

> Vierta el zumo de limón, la salsa de soja, el caldo y el puré de tomate, y agregue sal al gusto. Deje que la mezcla suelte el hervor. Baje la llama y cocine a fuego lento durante 20 minutos.

> Ahora suba la llama y deje hervir de 3 a 4 minutos o hasta que la mayor parte del líquido se haya evaporado.

> Mientras tanto, ponga a hervir agua en otra cacerola; agregue los tallarines y cuézalos según las instrucciones del paquete.

> Escurra la pasta y divídala en cuatro platos. Incorpore el cilantro a la mezcla de berenjenas y sírvala sobre la pasta. Decore con perejil picado.

Para 4 personas

INGREDIENTES:

400 g de tallarines sin gluten

1 cucharada de aceite de oliva virgen extra

1 guindilla sin semillas

4 dientes de ajo, picados grueso

100 g de cebolla, picada

1 pimiento rojo, picado grueso

600 g de berenjenas pequeñas, cortadas a rodajas por la mitad

2 cucharadas de zumo de limón

3 cucharadas de salsa oscura de soja

300 ml de caldo de verduras

2 cucharaditas de puré de tomate

sal y 3 cucharadas de cilantro fresco picado

Para decorar:

perejil fresco, finamente picado

Gratén de coles de Bruselas con gorgonzola y nueces

Para 4 personas
(4 coles por plato)

INGREDIENTES:

350 g de coles de Bruselas

40 g de jamón serrano en lonchas

30 g de nueces picadas

75 g de queso gorgonzola

1 diente de ajo

300 ml de leche desnatada

25 g de harina sin gluten

30 g de queso rallado

aceite de oliva virgen extra, sal y pimienta

> Preparar la bechamel rehogando la harina sin gluten con la mantequilla. Verter la leche en hilo sin dejar de remover con unas varillas. Salpimentar y cocer hasta que espese ligeramente. Retirar del fuego y añadir el queso gorgonzola troceado.

> Lavar las coles y cocerlas en agua hirviendo salada durante 15 minutos. Escurrirlas y reservarlas. Picar fino el jamón y dorarlo ligeramente en una sartén con el ajo picado y dos cucharadas de aceite. Agregar las coles, salpimentar ligeramente y rehogar todo junto durante 4 minutos.

> Disponer las coles en una fuente refractaria y espolvorearlas con las nueces picadas. Cubrir con la bechamel, espolvorear con el queso rallado y gratinar bajo el grill del horno durante 5 minutos. Servir enseguida.

Ensalada de higos y lechuga

> Lavamos las lechugas y las cortamos a rodajas gruesas. Lavamos la escarola y la secamos en un centrifugador de verduras.

> Picamos las nueces. Cortamos la manzana a rodajas. Lavamos bien los higos y los cortamos en rodajas de un grosor medio. Unimos estos ingredientes en una fuente.

> En un bol o en un botellín mezclamos el aceite, el vinagre balsámico, la miel y sal y pimienta. Batimos y vertemos sobre la ensalada; mezclamos bien y servimos.

Para 4-5 raciones

INGREDIENTES:

8 higos

4 lechugas pequeñas (o su equivalente, si es hoja de roble u otra variedad)

100 g de escarola

1 manzana

6 cucharadas de aceite de oliva virgen extra

1 cucharada de vinagre balsámico

1 cucharadita de miel

sal marina y pimienta

opcional: 80 g de nueces, 5 granos de uva negra

Burguers de zanahoria y tofu

> Lavar las zanahorias y ponerlas a cocer al vapor o hervirlas hasta que estén tiernas. Retirarlas quitando bien el exceso de agua y reducirlas a puré.

> Pelamos y picamos la cebolla en trocitos bien pequeños y los rehogamos en dos cucharadas de aceite de oliva junto con el perejil y el coriandro. Retiramos y trituramos junto con el tofu para tener una pasta.

> Mezclamos esta pasta con el puré de zanahorias y dejamos reposar en la nevera aproximadamente media hora. Pasado ese tiempo tomamos una cucharada de pasta y la moldeamos con la mano humedecida para darle forma alargada. Hacemos lo mismo con el resto de masa.

> Echamos un chorrito de aceite de oliva en una sartén y doramos los burguers por tandas o doramos en el horno a 190 °C. Servimos.

Para 15 unidades

INGREDIENTES:

250 g de zanahorias bio

1 cebolla

1 cucharada de perejil picado

½ cucharada de coriandro

220 g de tofu natural o ahumado

aceite de oliva virgen extra

Nuestro consejo. Para un óptimo resultado procura quitar el exceso de líquido de la masa. Una vez mezclado el tofu con la zanahoria coloca la pasta resultante en un trozo grande de gasa y retuerce los extremos como formando una bola. A medida que aprietes, irá soltando líquido. De esta manera tendrás una masa un poco más compacta y fácil de manipular para formar los burguers.

Rosti de patatas con puré de manzana

Para 5 raciones

INGREDIENTES:

Para el puré de manzana

6 manzanas reineta

½ vasito de vino blanco (opcional)

el zumo de ½ limón

1 cucharadita de azúcar integral

½ cucharadita de mantequilla o margarina vegana

sal y pimienta

Para las patatas

4 patatas

1 cebolla

1 diente de ajo rallado

1 cucharadita de tomillo

3 cucharadas de mantequilla o margarina vegana

sal y pimienta

> Para el puré, pelamos las manzanas, quitamos el centro de semillas, las cortamos de forma regular y las ponemos en un cazo junto con el vino, el zumo de limón, el azúcar, un poquito de mantequilla (½ cucharadita), sal y pimienta al gusto.

> Cocemos a fuego suave tapado hasta que las manzanas estén bien blandas, entonces hacemos un puré y reservamos.

> Para el rosti, pelamos las patatas, las rallamos y lavamos rápidamente con agua fría; secamos bien y las mezclamos con la cebolla pelada y rallada, el ajo, el tomillo, la mantequilla fundida y salpimentar.

> Tomamos raciones de la mezcla con las manos húmedas, las aplastamos un poco dorándolas en una sartén pequeña a fuego medio, primero de un lado y luego del otro.

> Servimos acompañado del puré de manzana y pimienta negra recién molida.

Nuestro consejo. A partir de la receta tradicional suiza hemos preparado este delicioso rosti, más favorable para el corazón.

Fettucini con hortalizas

> Lavar, pelar y rallar la zanahoria en tiras finas. Cortar el brócoli en ramilletes pequeños y las judías en láminas.

> Poner un chorro de aceite de oliva en una sartén y saltear las hortalizas a fuego medio hasta que queden cocidas y crujientes. Reservar.

> Cocer la pasta en una olla con agua y sal durante el tiempo indicado por el fabricante. Cuando esté lista, escurrir.

> En la sartén, mezclar la pasta con las verduras, salpimentar y servir bien caliente.

Para 4 personas

INGREDIENTES:

300 g de fettucini sin gluten, o vuestra pasta preferida (sin gluten)

100 g de brócoli

1 pimiento

1 zanahoria

100 g de judías verdes

aceite de oliva virgen extra, sal y pimienta

Para 4 raciones

INGREDIENTES:

¾ de kg de puré de calabaza

300 g de maíz de grano dulce

2 huevos bio, ligados

¾ de taza de leche descremada

½ taza de crema 0% grasa

4 cucharadas de mozzarella magra, sin sal y rallada

nuez moscada

pimienta de molinillo

Gratinado de maíz y hortalizas

> Mezclar el puré con los granos del maíz y cubrir el fondo de una fuente para horno humedecida con el spray de aceite rocío vegetal.

> Batir los huevos con la leche la crema y el queso. Condimentar con la pimienta y la nuez moscada.

> Volcar sobre las verduras. Hornear (horno moderado) de 40 a 45 minutos.

Arroz con leche a la vainilla

> Colocar el arroz y la leche en una cazuela de 20 cm de diámetro y llevar a ebullición. Partir por la mitad la vainilla y raspar la zona central. Añadir la leche y la ralladura de vainilla, el jengibre, las cáscaras de limón y naranja y el azúcar.

> Tapar y dejar cocer a fuego lento durante unos 18 minutos, remover de vez en cuando.

> Retirar el arroz del fuego y dejar reposar 5 minutos más.

> Entretanto tostar durante 1 minuto los chips de coco en una sartén sin grasa. El arroz con leche se puede servir caliente, templado o frío; espolvorear con los chips de coco.

Para 2 personas

INGREDIENTES:

120 g de arroz
(redondo o bomba)

550 ml de leche
(1,5% de M.G.)

1 vaina de vainilla

1 rodaja delgada y pelada de jengibre

1 cáscara de limón bio y 1 de naranja
(bio, sin ceras)

1 o 2 cucharadas de azúcar integral de caña

opcional: un puñadito de pasas sultanas, o de orejones de fruta troceados, o bien 3 cucharadas de chips de coco

*Variantes.
Si se prefieren los platos más dulces, al final se puede añadir un poco más de azúcar al arroz con leche.*

Notas del chef. La masa de pizza debe hornearse antes y después de poner los ingredientes ya que esta masa es más blanda que las masas con gluten. Para evitar que la masa se pegue, podemos espolvorearla con harina de arroz mientras se le da forma.

Pizza sin gluten

Esta deliciosa pizza sin gluten es para que todos los celiacos, y los niños en particular, puedan disfrutar siempre que quieran.

La receta original es a base de champiñones, tomate y queso mozzarella, pero la hemos adaptado a los ingredientes de nuestra cocina. Podéis hacer lo mismo, siempre que se tenga en cuenta la importancia de la masa sin gluten.

> Precalentamos el horno a 200 °C. Cubrimos con un poco de aceite un molde para pizza de 12 pulgadas.

> En un bol pequeño vamos mezclando la levadura, la leche y el azúcar. Revolvemos hasta que se disuelva la mezcla para dejar reposar 5 minutos.

> Luego pasamos por una licuadora la mezcla de la leche con el resto de los ingredientes, con excepción de la harina de arroz hasta que todo esté mezclado y la masa tenga una textura suave. Una vez llegados a ese punto de la masa, la pasamos al molde.

> Después con las manos le damos forma a la pizza en el molde, de manera que los bordes queden más gruesos para retener los ingredientes encima. Se pasa al horno unos 10 minutos y se le unta salsa de tomate. Luego añadimos al gusto el resto de los ingredientes y el queso mozzarella cubriendo la base.

> Se cortan en rodajas los tomates. Los champiñones en lonchas y los repartimos sobre la base de la pizza sin gluten. Repetimos la operación. Horneamos unos 20 o 25 minutos o hasta que quede bien dorada.

INGREDIENTES:

3 cuartas partes de una taza de leche caliente a unos 45 °C.

1 cucharadita de levadura seca.

1 cucharadita de azúcar.

2 cucharaditas de goma xantana.

2/3 de taza de harina de sorgo.

½ taza de harina tapioca.

½ cucharadita del sal.

1 cucharadita de sazón italiano.

1 cucharadita de vinagre de sidra.

1 cucharadita de aceite de oliva.

1 cucharadita de gelatina en polvo.

Cocinar con... Quinoa

La quinoa es una delicia culinaria. Infinitamente versátil, puede sustituir a casi cualquier otro cereal en todo tipo de recetas, y funciona igualmente bien en platos salados o dulces. Aquí te presentamos unas cuantas recetas con diversos tipos y productos de quinoa disponibles. Así como consejos prácticos para cocinar o para germinar los cereales.

Pasta de quinoa

Hay varios tipos de pasta hecha de harina de quinoa sin gluten de distintas marcas. Tiene una textura atrayente y el sabor es muy agradable, bastante parecido al de la pasta de trigo. La mayoría de los fabricantes combinan la harina de quinoa con la de otro cereal libre de gluten, como el maíz o el arroz. Examina las etiquetas si tienes sensibilidad o alergia a algún alimento.

Copos de quinoa

Lo mismo que la avena, los copos de quinoa se hacen aplastando el cereal integral. En este caso la quinoa integral blanca se aplasta tras eliminar la capa amarga de saponina. Como los copos de avena, los de quinoa se cocinan en pocos minutos, creando unas gachas casi instantáneas para el desayuno parecidas a las de avena.

Esta comida bastante blanda y que no provoca alergias es una buena elección para los bebés que están empezando a comer alimentos sólidos; los niños mayores y los adultos quizá prefieran unas gachas de quinoa aderezadas con frutos secos o frescos, nueces, endulzante o especias.

Los copos de quinoa pueden sustituir a la avena en todo tipo de recetas, entre ellas a la granola, el muesli, las galletas y las magdalenas. También pueden sustituir al pan rallado al rebozar alimentos, mezclados en un pilaf sabroso, usados como aglutinante en las hamburguesas vegetales, diluidos en la sopa como espesante o mezclados en un batido de frutas para añadir proteínas.

Para obtener los mejores resultados, almacena los copos de quinoa en un recipiente hermético en el frigorífico o en el congelador.

Cómo usar la quinoa de forma fácil

Tanto si estás preparando desayunos, almuerzos, cenas o postres, la quinoa te ofrece una enorme variedad de opciones nutritivas.

QUINOA COCIDA
- Añadir a un guiso espeso
- Servir como aperitivo sencillo
- Combinar con otros cereales en un pilaf
- Hacer un relleno para pimientos dulces, champiñones o calabacín
- Mezclar con judías negras, maíz y salsa para una ensalada clásica
- Mezclarlo con salsa de frijoles o humus como suplemento nutritivo
- Sustituir el arroz arborio en un risotto o el trigo bulgur en un tabulé
- Usar en lugar de arroz para hacer un pudin dulce y cremoso

BROTES DE QUINOA
- Añadir a los cereales o a otros platos fríos
- Cubrir la ensalada de verduras frescas
- Usar como relleno para sándwiches
- Aderezar un plato de gourmet

COPOS DE QUINOA
- Mezclar en un batido de frutas para añadir proteínas
- Hacer unas gachas rápidas y fáciles para el desayuno
- Sustituir el pan rallado para rebozar los alimentos antes de cocinarlos
- Espesar sopas y guisos
- Usar como copos de avena al hornear galletas o madalenas

HARINA DE QUINOA
- Hornear galletas libres de gluten y otros alimentos
- Hacer crepes y gofres
- Usar sola o en combinación con otras harinas

Receta básica

(nos servirá para todas las recetas de quinoa cocida)

Para 3 tazas

INGREDIENTES:

1 taza de quinoa

2 cucharaditas de aceite de oliva (opcional)

1 y ½ tazas de agua

> Pon la quinoa en un colador de tela fina. Si el tiempo lo permite, déjala en remojo brevemente. Para ello, pon el colador de tela en un bol de tamaño mediano y añade suficiente agua para cubrir la quinoa. Déjala empapar durante cinco minutos.

> Escurre, lava bien bajo el agua corriente, remueve la quinoa con los dedos y escurre otra vez. Si tienes poco tiempo, tan solo lava bien la quinoa removiéndola con los dedos y escurre.

> Si quieres, puedes tostar la quinoa. Ponla remojada o lavada en una sartén o en una cacerola de tamaño mediano sobre un fuego medio -alto. Añade el aceite opcional (el aceite realzará el sabor de la quinoa). Tuesta la quinoa, removiéndola de vez en cuando 1 hasta que los granos estén secos y fragantes, alrededor de 5 minutos.

> Quita la cacerola o la sartén del fuego. Si usaste una cacerola, pasa la quinoa a una sartén mediana antes de proseguir. Si tostaste la quinoa en una sartén, puedes cocerla ahí mismo.

> Añade el agua a la sartén y llévala a hervir a fuego alto. Si usaste aceite para tostar la quinoa, retírate al añadir el agua porque puede saltar. Baja el fuego hasta el mínimo, cubre y cuece durante 30 minutos. Aparta la sartén del fuego y déjala reposar cubierta durante 5 minutos.

> Remueve con un tenedor y sirve en seguida, úsala en otras recetas o guárdala en un recipiente cubierto en el frigorífico hasta cinco días.

Gachas de quinoa y avena

Para 2 raciones

> Pon el agua en una sartén de tamaño medio y déjala hervir a fuego alto. Remueve la quinoa, baja el fuego hasta el mínimo, cubre y cuece hasta que la mayoría del agua se haya absorbido, alrededor de 20 minutos.

> Añade la leche vegetal, la avena, la canela y sal opcional. Llévalo al punto de ebullición con el fuego alto.

> Baja el fuego hasta medio-bajo y cuece la mezcla, removiendo a menudo, hasta que se vuelva espesa y cremosa, alrededor de 4 minutos.

> Añade la manzana y aparta la sartén del fuego. Divide el contenido en dos boles y adórnalo con el sirope de arce y las nueces.

INGREDIENTES:

½ taza de agua de quinoa blanca, remojada, lavada y escurrida

1 taza de leche vegetal de vainilla

½ taza de copos de avena de cocimiento rápido

¼ de cucharadita de canela molida

1 taza de manzana pelada y en dados

1 cucharada de sirope de arce

2 cucharadas de nueces picadas

una pizca de sal (opcional)

Para 2 raciones

Desayuno de quinoa con arándanos

INGREDIENTES:

2 tazas de leche vegetal de vainilla

1 taza de quinoa, remojada, lavada y escurrida

una pizca de sal (opcional)

3 cucharadas de sirope de arce

1 cucharadita de cáscara rallada de limón

1 taza de arándanos

2 cucharadas de semillas de girasol sin sal tostadas

> Calienta la leche vegetal en una sartén mediana a fuego medio de 2 a 3 minutos. Añade la quinoa y la sal opcional.

> Disminuye el fuego hasta medio-bajo, cubre y cuece hasta que la mayoría del líquido se haya absorbido, unos treinta minutos. Aparta del fuego.

> Agrega el jarabe de arce y las ralladuras de limón. Incorpora suavemente los arándanos.

> Reparte el contenido en dos boles. Cubre cada porción con 1 cucharada de semillas de girasol.

Ensalada picante de quinoa y zanahoria

> Pon la quinoa, las zanahorias, el bróculi, el cilantro y el limón rallado, si lo deseas, en un bol de tamaño mediano. Mézclalo con el aceite y el jugo de limón y espolvoréalo con la cayena y el pimentón.

> Remueve todo y pruébalo para añadir más cayena si fuera necesario.

> Se puede servir inmediatamente o bien ponerlo a enfriar durante un tiempo.

Para 4 raciones

INGREDIENTES:

2 tazas de quinoa cocida

2 tazas de zanahoria rallada

1 taza de brotes de bróculi cocidos

½ taza de cilantro y perejil fresco picado

2 cucharaditas de ralladura de limón (opcional)

3 cucharillas de aceite de oliva virgen extra

3 cucharadas de zumo de limón o de lima recién exprimidos

¼ de cucharadita de cayena, más o menos según el gusto

½ cucharadita de pimentón (opcional)

Sopa de quinoa y brócoli

Para 8 raciones

INGREDIENTES:

2 cucharadas de aceite de oliva virgen extra

1 cebolla, picada finamente

1 taza de quinoa blanca, remojada, lavada y escurrida

2 cucharaditas de ajo picado

7 tazas de caldo vegetal sin sal

6 tazas de brócoli picado

1 patata roja, pelada y picada

2 cucharadas de mantequilla de anacardo cruda o tostada

½ cucharadita de sal

½ cucharadita de pimienta

una pizca de cayena (opcional)

1 taza de queso tipo cheddar vegano (o lácteo), rallado

> Pon el aceite en una olla grande a fuego medio-alto. Añade la cebolla y cuece, removiendo frecuentemente hasta que esté tierna, de 10 a 12 minutos.

> Añade la quinoa y el ajo, y cuécelos removiendo constantemente de 1 a 2 minutos. Añade el caldo, el brócoli y la patata. Sube el fuego al máximo hasta que empiece a hervir.

> Luego bájalo y déjalo al mínimo, cubre y hierve a fuego lento hasta que la quinoa esté cocida y la patata muy blanda, unos 35 minutos.

> Agrega la mantequilla de anacardo, la sal, la pimienta y la cayena (opcional). Bátelo con una batidora de mano hasta que quede suave y cremoso. Agrega el queso hasta que se funda. Sirve inmediatamente.

Quinoa con espinacas

> Pon las espinacas, la menta y el perejil en un procesador de alimentos y pulsa hasta que queden finamente picados.

> Añade el zumo de limón, el aceite, la salsa de soja y el ajo y pulsa hasta que estén bien combinados.

> Pon la quinoa, los tomates, el pepino y la cebolla verde en un bol grande. Añade la mezcla de espinacas y remueve suavemente hasta que esté distribuido uniformemente. Servir y comer.

Para 4 raciones

INGREDIENTES:

5 tazas de espinacas enteras, bien compactas

¼ de taza de hojas de menta, albahaca o cilantro frescos, bien compactas

¼ de taza de hojas de perejil fresco, bien compactas

¼ de taza de zumo de limón recién exprimido

¼ de taza de aceite de oliva extra virgen

2 cucharadas de salsa de soja baja en sodio

4 dientes de ajo, picados finamente

2 tazas de quinoa cocida

2 tazas de tomates cherry, partidos por la mitad

1 taza de pepinos, pelados y cortados en cubitos

1 cebolla verde, cortada en rodajas finas

Para 4 raciones

INGREDIENTES.

Para el aderezo cremoso de lima

½ taza de crema agria vegana o de yogur griego natural sin grasa

3 cucharadas de zumo de lima recién exprimido

1 cucharada de cilantro o perejil picado finamente

1 cucharadita de aceite de sésamo tostado

½ cucharadita de guindilla

sal y pimienta recién molida

Para la ensalada

3 tazas de quinoa cocida

1 lata de medio kilo de judías o frijoles negros o rojos sin sal, escurridos y lavados

1 aguacate maduro, en dados

1 taza de tomates tipo cherry, cortados a lo largo por la mitad

½ taza de rúcula tierna, espinacas tiernas o cilantro fresco, compacto, cortado gruesamente.

Ensalada de quinoa y aguacate con aderezo cremoso de lima

> Para hacer el aderezo pon la crema agria, el zumo de lima, el cilantro, el aceite y la guindilla en un pequeño bol y bátelo hasta que esté bien mezclado. Sazona con sal y pimienta al gusto y vuelve a batir. Si lo dejas preparado, puedes guardarlo en el frigorífico hasta cinco días.

> Para preparar la ensalada, pon la quinoa, las judías, el aguacate, los tomates y la rúcula en un bol mediano.

> Añade el aderezo y remueve suavemente hasta que los ingredientes de la ensalada y el aderezo estén distribuidos de manera uniforme. Servir, o bien deja enfriar unas cuatro horas antes de servir.

Hamburguesas de quinoa

> Precalienta el horno a 200 °C. Coloca una bandeja con papel para hornear.

> Pon los garbanzos, los copos de quinoa, la cebolla y el ajo en un triturador de alimentos y pulsa hasta que los garbanzos estén finamente picados, pero sigan teniendo textura. Pásalo a un bol grande.

> Agrega la quinoa cocida, la harina de quinoa, el agua, el sazonador italiano, la sal y la pimienta y mézclalo bien. La mezcla debería apelmazarse al apretarla.

> Si está seca, añádele dos cucharadas más de agua, poco a poco, hasta que la mezcla se apelmace. Si se queda demasiado aguada, añade dos cucharadas más de harina de quinoa, de una en una, hasta que la mezcla se apelmace.

> Divide en cuatro hamburguesas iguales y colócalas en la bandeja de hornear preparada. Hornea durante 10 minutos. Dales la vuelta y hornea durante 10 minutos más.

Para 4 hamburguesas

INGREDIENTES:

1 taza de garbanzos cocidos, lavados y escurridos

1/3 de taza de copos de quinoa

¼ de taza de cebolla picada

1 diente de ajo, picado o prensado

1 taza de quinoa cocida

2 cucharadas de harina de quinao, o más si es necesario

2 cucharadas de agua, añadir más si es necesario

1 y ½ cucharadas de sazonador italiano

¼ de cucharadita de sal

¼ de cucharadita de pimienta recién molida

Para 4 raciones

INGREDIENTES:

4 cucharadas de mantequilla de cacahuete suave sin sal

4 cucharadas de vinagre de vino de arroz sazonado (o bien de vinagre de manzana)

2 cucharadas de salsa de soja baja en sodio

cucharadita de guindillas rojas trituradas

1 diente de ajo, picado o prensado

2 cucharadas de agua caliente (más si es necesario)

3 tazas de quinoa cocida

½ pepino inglés, en juliana

1 pimiento dulce rojo, en juliana

1 zanahoria pequeña, rallada o cortada en juliana

1 taza de col roja rallada

¼ de taza de cilantro, menta o albahaca frescos picados

¼ de taza de cebolleta cortada finamente

Ensalada de quinoa a la tailandesa

> Pon la mantequilla de cacahuete, el vinagre, la salsa de soja, la guindilla roja y el ajo en un bol grande y mézclalo bien. Agrega agua para crear una salsa suave.

> Si la mezcla parece excesivamente espesa, añádele cucharadas adicionales de agua, de una en una, hasta conseguir la consistencia deseada.

> Agrega la quinoa, el pepino, el pimiento dulce, la zanahoria, la col, el cilantro y la cebolleta, y remueve hasta que esté todo mezclado uniformemente y la salsa esté distribuida por toda la ensalada.

Guiso de quinoa y brócoli al queso

> Precalienta el horno a unos 175 °C. Rocía una bandeja de hornear de unos 32 x 23 cm con un pulverizador de aceite.

> Pon la quinoa, la crema agria vegana, una taza de queso, el brócoli, la cebolleta, la zanahoria, el chile, el comino, la sal (opcional) y la pimienta en un gran bol y mézclalo bien.

> Colócalo en la bandeja preparada para hornear. Cúbrelo con el resto del queso. Hornea durante 30 minutos. Sirve caliente.

Para 6 raciones

INGREDIENTES:

3 tazas de quinoa cocida

2 tazas (unos 450 g) de crema agria vegana o yogur griego natural sin grasa

2 tazas de queso rallado (vegano, o queso lácteo cheddar)

2 tazas de cogollitos de brócoli al vapor

½ taza de cebolleta cortada

½ taza de zanahoria rallada

1 chile jalapeño, sin semillas y troceado

1 cucharadita de comino molido

¼ de cucharadita de sal (opcional)

¼ de cucharadita de pimienta molida

Postres muy tentadores... ¡y sin gluten!

Deliciosos y saludables para celíacos

Presentamos postres clásicos, como las manzanas rellenas, junto a repostería con ingredientes sin gluten, todos adecuados para celíacos.

Para los dulces sin gluten usaremos harinas especiales de repostería (no confundir con las harinas panificables, tipo proceli... que son harinas de fuerza). Para repostería sin gluten podemos usar harina de arroz, harina de trigo sarraceno y también harina de maíz (no confundir con la fécula, que conocemos como maizena). La harina de maíz tiene un color amarillento, mientras que la maizena es completamente blanca y su almidón sirve, en algunas recetas, para dar consistencia.

Receta fácil de bizcocho

> Batir dentro de un recipiente hondo los huevos con el azúcar hasta obtener una mezcla cremosa y blanquecina.

> Añadir la leche, el aceite y la vainilla, mezclando bien todos los ingredientes

> Sin dejar de remover añadir la harina y la levadura. Cuando hayamos conseguido una pasta homogénea añadir el cacao y seguir removiendo hasta integrarlo a la mezcla anterior.

> Echar dentro de un molde, previamente engrasado y espolvoreado con harina, y cocer en el horno, precalentado a 180°, durante 35 o 40 minutos.

> Dejar enfriar y desmoldar sobre una rejilla. Si se desea, cuando esté totalmente frío puede espolvorearse la superficie con azúcar glas. Para ello colocar un poco de azúcar dentro de un colador fino o tamiz y, después de poner el colador sobre el bizcocho, dar unos ligeros golpes en el borde. Así el bizcocho nos quedará cubierto de forma regular.

para celíacos
(¡y para todos!)

Para 4 personas

Tiempo de preparación: 15-20 minutos, más tiempo de cocción y enfriado

INGREDIENTES:

300 g de harina de maíz

200 ml de leche

100 ml de aceite

100 g de azúcar integral de caña

4 huevos bio

1 sobre de levadura en polvo sin gluten

3 cucharadas de cacao puro

1 cucharada de esencia de vainilla

azúcar glas para cubrir (opcional)

Notas del chef. Rellenamos el pastel con alguna mermelada; así nos resultará un bizcocho para celíacos más jugoso.
Recordemos que de 9 a 10 g de levadura pueden sustituirse por 1 cucharadita rasa de bicarbonato sin gluten disuelto en zumo de limón (equivale igualmente a un sobre de gasificante de 5 a 7 g).
También podemos sustituir la leche por bebida de soja o de arroz.

Bizcocho de naranja sin gluten

Para 4 personas

Tiempo de preparación: 15-20 minutos, más tiempo de cocción y enfriado

INGREDIENTES:

2 naranjas bio (con la piel limpia y sin ceras)

4 huevos bio

¾ de taza de miel de agave

2 tazas de harina de almendras blanqueadas

½ cucharadita de sal marina celta

1 cucharadita de bicarbonato de sodio

> Lavar las naranjas y hervirlas (la cáscara y todo) durante 1 ½ horas, o hasta que estén blandas. Colocar las naranjas (también la cáscara) en un procesador de alimentos y mezclar hasta que esté suave.

> Mezclar el huevo, agave, harina de almendras, sal y bicarbonato de sodio hasta obtener una mezcla homogénea.

> Echar la mezcla en un molde redondo de 20 cm y hornear a 180 °C durante 45-50 minutos, hasta que un palillo o la punta de un cuchillo salga limpio.

> Enfriar en el molde durante 2 horas y servir.

Notas del chef. Este es un bizcocho de chocolate sin gluten, bajo en grasa, sin lactosa, y muy fácil de hacer... ¿qué más se puede pedir?

Es ideal también como tarta de cumpleaños rellenado con crema pastelera sin gluten, crema de chocolate, dulce de leche y recubierta con ganache de chocolate, o con un glaseado, o con merengue.

Bizcocho de chocolate sin gluten y sin lactosa

Para 4 personas
Tiempo de preparación: 15-20 minutos, más tiempo de cocción y enfriado

> Batir los huevos en una batidora de mano con el azúcar hasta que estén espumosos. Añadir la harina tamizada con la levadura en polvo (polvo de hornear) y el cacao.

> Verter la mezcla en un molde de 24 cm untado con un poco de aceite y enharinado y hornear en horno precalentado a 180°C durante 25-30 minutos.

> Desmoldar y dejar enfriar sobre una rejilla.

INGREDIENTES:

120 g de azúcar integral de caña

6 huevos bio

200 g de harina libre de gluten (100 g de harina de arroz, 100 g de fecula de mandioca o de patata, ½ cucharadita de levadura en polvo o de polvo para hornear, la punta de una cucharadita de sal)

80 g de cacao en polvo

10 g de polvo de hornear o levadura en polvo

Para 2 raciones

Tiempo de preparación: 15-20 minutos, más tiempo de cocción y enfriado

Manzanas al caramelo

INGREDIENTES:

2 manzanas

para el caramelo:

2 cucharadas de mantequilla de cacahuete

3 cucharadas de miel de arroz endulzante natural

2 gotas de esencia de vainilla (opcional)

1 cucharada de ralladura de limón

> Cocer las manzanas al vapor, hasta que estén blandas (aproximadamente unos 12 minutos). Servirlas en platos individuales.

> Mezclar los ingredientes para el caramelo en una cazuela pequeña, añadir un poco de agua y cocer mezclando muy bien hasta conseguir una consistencia muy espesa.

> Verter la salsa caliente encima de las manzanas y servir inmediatamente. Las manzanas también se pueden cocer al horno.

Brownies "Delicia" (sin gluten)

Para 10 raciones
Tiempo de preparación:
15 minutos, más 25
minutos de cocción

> Derrite la mantequilla con el chocolate a fuego suave.

> Bate las yemas de los huevos con el azúcar hasta que estén en punto letra y añade el chocolate, la esencia de vainilla y las harinas, además del polvo leudante o levadura.

> El último paso es incorporar las claras batidas a punto de nieve, añadiéndolas con movimientos suaves y envolventes.

> Coloca en una placa para horno embadurnada con mantequilla y hornea a fuego medio, hasta que esté cocido en su interior.

INGREDIENTES:

100 g de mantequilla

150 g de chocolate sin gluten en barra

4 huevos bio

400 g de azúcar integral de caña

esencia de vainilla

120 g de harina de maíz

60 g de harina de arroz

2 cucharaditas de levadura

una pizca de sal

Notas del chef. Los celíacos también pueden disfrutar de recetas como ésta. Ser un niño y ser celíaco no es nada fácil, ya que cuando eres pequeño uno de tus anhelos es el dulce en todas sus formas. Pero con un poco de imaginación se pueden encontrar fantásticas recetas para que todos, incluidos los más pequeños de la casa, puedan disfrutar en cualquier ocasión. Son una pura delicia con manzanas o peras bien jugosas.

Cupcakes sin gluten

Para 10 unidades

**Tiempo preparación:
15 minutos, más el
tiempo de horneado**

INGREDIENTES:

Para los cupcakes

150 g yogur de cabra
o de oveja

100 g de azúcar integral

2 huevos bio

150 g de harina de arroz

25 g de avellana molida

2 cucharaditas de
bicarbonato

1 pizca de sal

**Para el "topping"
(opcional):**

250 g de dátiles
deshuesados

150 g de crema de
almendras

50 g de pistachos
pelados

algunos cacahuetes o
avellanas recubiertas con
chocolate.

> Precalentar el horno a 180° C. Mezclar el yogur con el azúcar integral y los huevos. Incorporar la avellana molida y la harina tamizada con el bicarbonato y la sal.

> Preparar unos moldes aptos para madalenas y colocar dentro los moldes de papel (los clásicos de madalenas). Verter un poco de masa en los moldes de papel llenando hasta ¾ de su capacidad.

> Los colocamos en una bandeja para horno y los cocemos durante 25 minutos o hasta que al pincharlos con un palillo, éste salga limpio.

> Mientras tanto trituramos los dátiles (si es necesario añadir un poquito de agua caliente para mejorar el triturado), retirar y mezclar con la crema de almendra. Reservar en la nevera.

> Una vez cocidos los pastelitos, dejamos enfriar y desmoldamos.

> Cubrirlos con la crema de dátiles y almendra y por encima esparcir los pistachos picados y algún cacahuete al chocolate.

Tarta de almendras y ciruelas

> Calentamos el horno a 170 °C.

> Separar las yemas de las claras. En un cuenco batimos las yemas ligeramente y las mezclamos con el queso, la piel rallada del limón, la almendra molida y el azúcar.

> Montamos las claras a punto de nieve con una pizquita de sal y la añadimos a lo anterior mezclando suavemente.

> Vertemos la pasta en un molde rectangular de 28x20 cm (o uno redondo de 23 cm de diámetro) previamente engrasado y tapizado con papel de hornear. Llevamos a cocer al horno durante unos 35-40 minutos aproximadamente o hasta que la superficie se vea ligeramente dorada y al introducir un palillo este salga limpio.

> Una vez cocido desmoldamos el bizcocho y dejamos enfriar. Mientras tanto lavamos las ciruelas, las cortamos por la mitad, quitamos los huesos y luego las cortamos en cuartos. Calentamos la margarina en una sartén y echamos las ciruelas junto con los arándanos y el endulzante.

> Cocemos removiendo durante 2-3 minutos a fuego medio, retiramos y colocamos sobre el bizcocho.

> Esparcimos por encima las almendras fileteadas y servimos.

Para 10-12 raciones
Tiempo elaboración:
unos 60 minutos

INGREDIENTES:
Para el bizcocho:
4 huevos bio
250 g de requesón
(o queso tipo ricota)
la piel rallada de un limón bio
130 g de azúcar integral de caña
250 g de almendra molida
Para la cubierta:
3 ciruelas rojas
3 ciruelas amarillas
1 cucharada de margarina vegana no hidrogenada
1 cucharada de azúcar integral o de miel
100 g de arándanos
30 g de almendras fileteadas

Tarta sin gluten de chocolate blanco y fresas

Para 4 raciones

Tiempo preparación: unos 30 minutos, más tiempo de cocción y enfriado

INGREDIENTES:

Para el sablée de almendras:

160 g de harina sin gluten
(aquí hemos usado esta mezcla: 80 g de harina de arroz y 80 g de almidón de mandioca (o almidón de maíz)

5 g de goma xantana

80 g de harina de almendras
(podéis hacerla en casa, troceando y pulverizando las almendras hasta lograr una harina fina)

80 g de azúcar integral de caña

120 g de mantequilla

2 yemas de huevo

1 cucharadita de extracto de vainilla*

Para el ganache de chocolate blanco y coco:

150 g de leche de coco*

300 g de chocolate blanco*

Para decorar:

300 g de fresas

azúcar glas o en polvo

> Mezclar todos los ingredientes de la mezcla sin gluten. En una batidora batir la mantequilla con el azúcar y la esencia de vainilla. Agregar los huevos, la harina de almendra y la mezcla libre de gluten. Combinar con rapidez todos los ingredientes.

> Formar una masa, dando forma a la bola y aplanar ligeramente. Cubrir con papel film y poner en el frigorífico durante por lo menos una hora.

> Mientras tanto, preparar el ganache de chocolate: picar el chocolate blanco y colocarlo en un bol. Hervir la leche de coco y verter sobre el chocolate y hasta que éste se derrite, a continuación, revolver y dejar a un lado.

> Precalentar el horno a 180 °C. Engrasar y enharinar un molde con almidón de maíz, estirar la masa y colocarla en el molde y pinchar la base con un tenedor.

> Hornear en horno caliente durante 15-20 minutos hasta que la masa esté dorada. Una vez cocida se dejar enfriar.

> Mientras la base de la tarta se cocina lavar las fresas y cortarlas en cuartos.

> Untar el ganache sobre la tarta y cubrir con las fresas, espolvoreando luego con azúcar en polvo.

Notas del chef. Para los que no son muy expertos: la masa será suave, ya que tiene mucha mantequilla. No os desaniméis, para estirarla poner una hoja de papel encerado sobre la mesa, espolvorear con la harina de arroz o el almidón de maíz y luego extender la masa con un rodillo enharinado (o con las manos), y luego agarrar el papel y darle la vuelta sobre el molde y despegarlo suavemente de la masa.

La masa se adaptará perfectamente en el molde (si es necesario pueden poner pedacitos de masa si se hacen agujeros tipo patchwork).

Compota especiada de manzanas y yogur

Para 4 raciones

Preparación: unos 30 minutos, más unos 12 minutos de cocción

INGREDIENTES:

4 manzanas verdes, peladas y descorazonadas

150 g de azúcar impalpable

1 cucharadita de canela molida

la cáscara rallada y jugo de 1 limón

la cáscara rallada y jugo de 1 naranja

una pizca de ácido cítrico en polvo (opcional)

85 g de semillas de girasol

1 cucharada de aceite de oliva

250 g de yogur natural

miel líquida y nuez moscada rallada, para servir

> Colocar las manzanas, el azúcar, la canela, los jugos y las cáscaras de limón y de naranja en una sartén. Lleve a hervor, luego reduzca el fuego a mínimo y cocine 10-12 minutos hasta que se haya formado un puré espeso.

> Una vez cocinada, la mezcla debería tener una consistencia ligeramente seca y espesa, no muy húmeda. Deje enfriar y luego guárdelo en el frigorífico.

> Para añadir un matiz de sabor ácido puede incorporar en este paso una pizca de ácido cítrico en polvo (tenga cuidado de usar solo un poco, si se pasa con la cantidad la preparación va a tener un sabor metálico desagradable).

> Caliente el aceite de oliva en una sartén y saltee las semillas de girasol hasta que estén tostadas y crocantes. Luego deje enfriar.

> Con la ayuda de una cuchara, coloque el puré en tazones individuales.

> Cubra con yogur, semillas de girasol, un poco de miel y nuez moscada.

Magdalenas de brioche

> Mezcle bien en un cuenco los distintos tipos de harina y la sal. En otro cuenco mezcle los huevos y el azúcar hasta que adquiera un aspecto cremoso.

> Incorpore la leche y la levadura desmenuzada. Vaya incorporando poco a poco la pasta de huevo, azúcar y levadura a la mezcla de harina y mézclelo hasta obtener una pasta homogénea.

> Precaliente el horno a 50 °C y luego apáguelo. Meta el recipiente con la pasta en el horno, coloque encima una rejilla de horno cubierta con un paño de cocina húmedo y déjelo reposar 30 minutos.

> Saque el recipiente del horno e incorpore la mantequilla a la pasta. Pásela a un molde múltiple para magdalenas engrasado y hornéela 50 minutos más.

> A continuación, saque el molde y precaliente el horno a 200 °C. Coloque dentro un cuenco refractario con agua. Hornee las magdalenas 10 minutos, a media altura.

> Píntelas con las yemas de huevo y la nata y hornéelas a 170 °C 10 minutos más.

Para 12 unidades

Preparación: unos 20 minutos, más 80 minutos de reposo y 20 minutos de cocción

INGREDIENTES:

100 g de harina de alforfón

200 g de harina de arroz

200 g de harina de patata

1 pizca generosa de sal

4 huevos bio

3 cucharadas de azúcar

125 ml de leche templada

1 dado de levadura fresca

150 g de mantequilla en dados

2 yemas de huevo bio y 2 cucharadas de nata líquida, para pintar

mantequilla, para engrasar

Crema de arroz con caramelo de nueces

Para 4 personas
Elaboración: 20 minutos

INGREDIENTES:

3 cucharadas de sémola
de arroz

250 ml de leche

3 yemas de huevo

9 cucharadas de azúcar

60 g de nueces de
California

1 limón

1 ramita de canela

1 cucharadita de canela
en polvo

> Calentar la leche en un cazo junto con la canela y la piel de limón. Llevar a ebullición y añadir la sémola de arroz. Dejar cocer a fuego medio durante 10 minutos.

> Seguidamente, batir las yemas de huevo con tres cucharadas de azúcar. Agregarlas a la sémola y remover.

> Preparar un caramelo en un cacito con el resto del azúcar y unas gotitas de limón. En cuanto tome color, añadir medio vasito de agua y dejar que se diluya.

> Picar groseramente las nueces y repartirlas en el fondo cuatro vasitos o copas individuales. Cubrirlas con el caramelo y terminar de rellenar con la crema de arroz para que se formen dos capas.

> Dejar enfriar, espolvorear con una pizca de canela y servir.

Términos equivalentes en España y Latinoamérica

A

Aguacate: palta, panudo, sute.
Alcachofas: alcauciles.
Albaricoque: chabacano, damasco, prisco.
Aliño: adobo, condimento.
Alubia: judía blanca, habichuela, poroto.
Asadura: achuras.
Azafrán: camotillo, cúrcuma, yuquillo.

B

Bechamel: besamel, salsa blanca.
Berro: balsamita, mastuerzo.
Bizcocho: biscote, bizcochuelo.
Bocadillo: emparedado, sándwich.
Brécol: brecolera, brócul, brócoli.
Brochetas: pinchitos, pinchos.

C

Cacao: cocoa.
Calabacín: calabacita, hoco, zapallito.
Calabaza: zapallo.
Canela en polvo: canela molida.
Cilantro: culantro, coriandro.
Ciruelas pasas: ciruelas secas.
Clavo de especias: clavo de olor.
Cogollo: corazón.
Col: repollo .
Col lombarda: col morada.
Coles de Bruselas: repollitos de Bruselas.

Condimento: adobo, aliño.
Confitura: dulce, mermelada.
Crepe: crepa, panqueque.
Cúrcuma: azafrán, camotillo, yuquillo.
Curry: carry.
Cuscús: alcuzcuz.
Champiñón: callampa, hongo.

E

Empanada: empanadilla.
Endibia: alcohela, escarola.
Enebro:junípero, grojo, cada.
Escalibados: asados, a la brasa.
Escarola: alcohela, endibia
Espaguetis: fideos largos, tallarines.
Estragón: dragoncillo.

F

Fresa: amiésgado, fraga, frutilla, metra.

G

Guisante: arveja, chícharo.

H

Habas: fabas.
Hamburguesas: doiches.
Harína: harina de trigo.
Harína de maíz: fécula de maíz.
Hierbabuena: menta fresca, yerbabuena.
Higo: breva, tuna.
Hínojo: finojo, finoquio.

J
Jengibre: cojatillo.
Judías verdes: chauchas, peronas, porotos verdes.
Judía blanca: alubia, habichuela, poroto.
Jugo: zumo.

L
Levadura en polvo: polvo de hornear.

M
Macarrones: amaretis, mostachones .
Maicena: harina de maíz.
Maíz: abatí, guate, mijo.
Maíz tierno: choclo, elote.
Mandarina: clementina.
Mazorca: panocha.
Melocotón: durazno.
Menta fresca: yerbabuena, hierbabuena.
Mermelada: confitura, dulce.
Mijo: abatí, guate, maíz.

N
Nabo: coyocho, naba.
Natilla: chunio.
Nuez moscada: macis.

O
Oliva: aceituna.
Olla: cocido, puchero.

P
Pan integral: pan negro.
Patata: papa.
Pepino: cohombro.
Perifollo: cerafolio.
Pimentón: color, paprika.

Pimiento: ají.
Piña: ananá.
Plátano: banano.
Polenta: chuchoca, sémola de maíz.
Puerro: ajo puerro, porro, poro.

R
Rábano: rabanito.
Ravioles: raviolis.
Remolacha: beterraga, betabel.

S
Sémola de maíz: chuchoca, polenta.
Soja: soya.

T
Tarta: torta.
Tartaletas: tortitas, tortas pequeñas.
Taza de café: pocillo de café.
Tomate: jitomate.
Tomillo: ajedrea, hisopillo.

U
Uva pasa: pasita.

Z
Zumo: jugo.

Bibliografía

Barriga, Xavier, *Pan*. Ed. Grijalbo

Chapoutot, Claire - Clea. *Todo sin gluten*. Beta editorial.

Davis, Dr. Williams. *Sin trigo, gracias*. Ed. Penguin Random House.

De Miles, Hannah. *Pastelería sin gluten*. Ed. Acanto.

Laforet, Marie. *Healthy vegan*. Ed. Beta.

Prieto, Ana M.ª y de Juan, Francisco, *Recetas de mamá para celíacos*. Ed. Plataforma.

Raiser, Ulrike. *Cocina para celíacos*. Ed. Rústika.

Sainsbury's. *Gluten-free Cookbook*. Ed. Kyle Cathie.

Tranfaglia, Teresa. *Delicias sin gluten*. Ed. Obelisco.

Vv. Aa. *Repostería sin gluten*. Ed. NGV.

Vv. Aa. *Pan y pasteles sin gluten*. Ed. Blume.

Vickery, Phil. *Cocina sin gluten*. Cute Ediciones.

Wenniger, Mary Ann. *The best-ever wheat-and-gluten-freee baking book*. Ed. Fair Winds.

Agradecimientos:

Montse Bradford (nutricionista) www.montsebradford.es

Dra. Cármen Méndez (médica) www.acastineira.com,

Dr. Frederic Vinyes (médico naturista) y Dr. Ramon Roselló (médico acupuntor).

Otros títulos similares:

Yoga energético

Descubra su lado más espiritual a partir
de estos sencillos ejercicios.

Yoga con gatos

31 estiramientos de yoga inspirados
por gatos. Estiramientos rápidos para
cuerpo y mente.

Fitness con tu perro

Camina, corre, pedalea con tu perro,
disfruta del deporte en común y hazle
feliz.

Vegano Fácil

Más de 100 ideas y recetas para
cocinar de forma saludable

Superzumos verdes

Más de 100 ideas y recetas para
preparar zumos deliciosos

Macrobiótica fácil

Recetas para el equilibrio físico,
emocional y espiritual

El libro de la nutrición práctica

Una completa y rigurosa guía sobre la
alimentación y cómo influye en su salud